导购销售话术宝典，让你快速了解顾客
84个反例指导，教你以正确的视角学会

好导购
就 应 该
这样说

戚伟川 / 著

廣東旅游出版社
GUANGDONG TRAVEL & TOURISM PRESS
悦读书·悦旅行·悦享人生
中国·广州

图书在版编目（CIP）数据

好导购就应该这样说 / 戚伟川著.—广州：广东旅游出版社，2019.3
ISBN 978-7-5570-1702-6

Ⅰ.①好… Ⅱ.①戚… Ⅲ.①销售-口才学 Ⅳ.①F713.3②H019

中国版本图书馆CIP数据核字（2019）第 004607 号

出 版 人：刘志松
责任编辑：于子涵

好导购就应该这样说
HAO DAOGOU JIU YINGGAI ZHEYANG SHUO

广东旅游出版社出版发行
地　址：广州市越秀区环市东路 338 号银政大厦西楼 12 层
邮编：510060
电话：020-87348243
广东旅游出版社图书网
（网址：www.tourpress.cn）
印刷：天津文林印务有限公司
（地址：天津市宝坻区新开口镇产业功能区天通路南侧 21 号）
开本：787 毫米×1092 毫米　1/16
字数：231 千字
印张：18.5
版次：2019 年 3 月第 1 版
印次：2019 年 3 月第 1 次印刷
定价：48.00 元

【 版权所有　侵权必究 】

本书如有错页倒装等质量问题，请直接与印刷厂联系换书

目录

前　言　/V

01 首先要让顾客喜欢你：站好位找话题

如何称呼顾客最有效　/003
初次交谈，营造轻松交流的语境　/006
不要在顾客一进门时就各种推荐　/009
学会不露痕迹地赞美顾客　/012
放低说话姿态，让顾客宾至如归　/015
哪怕再忙，也不敷衍回答顾客的提问　/018
避免令顾客反感的肢体语言　/022
如何快速判断顾客当天买还是不买　/025
当顾客进店之后如何留人　/028

02 明确顾客的真正需要：多倾听巧妙问

充分了解顾客的购买动机　/033
摸清顾客眼里的"物美价廉"　/037
每一个人都希望享受到上帝般的服务　/040
少说多听，让顾客自己做选择和决定　/044
旁敲侧击，从侧面了解顾客的喜好和需要　/047
男女顾客消费心理的差异　/050
不同类型的顾客，用不同的提问方式　/054
找准恰当的时机向顾客提问　/057
利用人人都有的"从众"心理　/060
导购应该多问开放式问题还是封闭式问题　/063

I

03 完美地向顾客介绍商品：会介绍入人心

顾客询问商品质地该如何说明　/069
顾客问衣服会不会缩水、褪色，该如何回答　/072
强调自己家商品的优点，但别贬低别人的缺点　/075
用通俗易懂的语言介绍专业性的知识　/079
要把商品介绍到卖点上才让人动心　/082
让顾客条理清楚地了解商品特点　/085
像介绍商品一样介绍服务　/088
顾客问到服务空白时该怎么回答　/091
站在顾客的使用角度介绍商品　/094
时段不同，介绍商品方式不同　/097
顾客都有担心自己上当受骗的心理　/101
顾客都有喜欢便宜的心理　/104

04 给顾客一个购买的理由：邀体验谈感受

讲一个真实的故事，让顾客心动　/111
说得再好，也不如顾客亲自体验　/114
如何打破顾客不愿体验的顾虑　/117
怎样推销顾客不感兴趣的商品　/120
能使顾客愿意主动试用商品的妙招　/123
询问顾客试用过程中的感受和意见　/126
将商品优势与顾客本身相结合　/129
顾客试用后不满意该怎么办　/132
用"免费的午餐"促销　/135

II

05 让价格不再成为障碍：巧议价诚相待

顾客进门就问价格怎么办　　　/141
让顾客认识到一分钱一分货的道理　　　/144
顾客说太贵了怎么应对　　　/147
换位思考法，让顾客感觉你让步的难处　　　/150
老顾客要求优惠如何处理　　　/153
把价格问题巧妙地转移到服务上　　　/156
顾客问能不能便宜点，怎么应对　　　/159
顾客说他认识店老板要求便宜点　　　/162
不能打折的商品怎么卖　　　/165
熟人或熟人介绍的人来买东西　　　/169
顾客说"超出我预算了"　　　/173
顾客说钱没带够怎么办　　　/176
顾客要求把零头抹了　　　/179

06 巧妙应对顾客的异议：解异议化疑难

减少顾客对风险的担忧　　　/185
利用顾客冲动的消费心理　　　/188
即使迫不及待，也要表现得不情愿　　　/192
委婉拒绝不能答应的请求　　　/195
在"半推半就"中搞定顾客　　　/198
如何运用顾客的逆反心理　　　/201
给顾客制造一种紧迫感　　　/204
避重就轻，引导顾客主动说"是"　　　/207
消除第三人对顾客购买的影响　　　/210
如何鼓励顾客下定购买的决心　　　/213
永远不要泄露自己的底牌　　　/216

07 如何处理顾客的投诉：用真诚换谅解

搞清楚顾客抱怨的原因是什么 /221
首先要做到消除顾客的戒心 /224
就算顾客故意刁难，也要淡定面对 /227
无论责任在谁，先道歉就对了 /230
巧用顾客好面子的心理 /233
善于化解顾客的敌意，和顾客做朋友 /236
顾客付款之后表现出不满情绪 /239
顾客无理取闹，不解决问题就不离开 /242
顾客投诉导购员的服务态度不好 /245
顾客说配套服务跟不上怎么办 /248
顾客不听导购员的解释，不停吵嚷，怎么办 /251

08 售后服务做周全：多用心不敷衍

完善的服务才是最好的广告 /257
在服务细节上下足功夫 /260
如何让顾客留下联系方式 /263
怎样说服顾客成为VIP会员 /266
顾客没有任何理由就要退货 /269
顾客要求在保修期外保修商品 /272
超过退货期之外的退货处理 /275
如何处理顾客使用不当造成的商品问题 /278
顾客再次购买后额外的关怀 /281

前言

在人们的常规认知中，导购的工作就是卖东西，听起来一点都不高大上。但其实这个岗位是需要营销学、心理学、礼仪学等多种学科知识的，想要在特定的时间内说服顾客购买商品并不是一件容易的事。

往往有很多家店铺都在销售同一件商品。当顾客的选择变多，就意味着商家间的竞争会变得激烈。顾客在购买商品的时候，通常会货比三家，对比几家和充分了解商品知识后，才开始和导购员进行对话。此时，导购员就要充分发挥自己说话的本领。最重要的是站在顾客的角度思考问题，做到一切为顾客考虑。通过合适的时间，恰当的时机跟顾客进行贴心的交流，便于赢得顾客的信任和好感。

顾客购买商品，自然会先了解商品。对导购而言，介绍商品就是一门学问。如果导购没有掌握必要的商品知识，对自己售卖的商品没有足够的了解，当顾客询问一些关于商品的知识信息时，导购员支支吾吾回答不出的话，就别怪顾客另寻别家了。

但只了解商品的知识是远远不够的，导购员留给顾客的第一印象非常重要。这是双方交流的第一步，避免让顾客产生"他卖的商品能不能放心"的担忧。良好的第一印象不仅包括整洁的仪表，还包括得体的谈吐。比如：对话时要面带微笑，表现出大方、热情、随和，让顾客觉得有安全感。

顾客不会只因为对导购员印象好就轻易下单，顾客的最终目的是要购买自己所需要的商品。因此，比起服务的质量，商品的质量才是顾客更加关心的。在导购员跟顾客的沟通中，导购员要将商品介绍得深入人心，打消顾客对商品的不信任感。比如：从多个角度介绍商品，顾客想购买一件商品的时候，往往会关注自己最需要的方面，而对其他方面不是非常在意。这时，导购员除了介绍顾客关心的重点，还可以附加一些其他的商品优点，坚定顾客的购买决心。

此外，大量事实证明，如果顾客愿意体验商品，并且感觉良好，多半会购买该商品。所以，导购员要努力引导顾客体验商品。导购员可以说："我给您介绍了这么多，您没有亲身感受，肯定有所顾忌，您可以亲身体验一下"。这样，就能把顾客引导到体验这个重要的环节中。同时，导购要抓住引导的最佳时机。当顾客说"我怎么知道你说的是真的"时就是最佳的引导期。当顾客对商品表示满意后，商品的价格就成为最重要的话题。如果对价格存在异议，顾客就会跟导购员议价。在这个过程中，最容易发生争执和不愉快。俗话说"顾客是上帝"，只有重视顾客并满足顾客的要求，才会赢得顾客的喜爱。因此，导购员在跟顾客议价的过程中，要巧用别的方法来代替顾客所要求的优惠。

当顾客非得要求降低一定的价格时，导购员不要立刻拒绝顾客的要求。导购员可以说："这已经是最优惠的价格了。不如这样吧，送您一个礼品，您看可以吗？"既说明商品不能再降价了，同时又给了顾客面子和台阶，有些顾客就会顺着这个台阶下来，同意导购员的提议，从而成交。

本书分别从如何说顾客才会喜欢你、如何介绍商品能更能深入人心、如何邀请顾客体验商品谈感受、如何议价等八个方面阐述了导购的语言技巧。不仅有接地气的案例，精准的解析，更有实战锦囊，帮助导购员轻松掌握与顾客沟通的技巧，快速提升业绩。

01

首先要让顾客喜欢你：站好位找话题

如何称呼顾客最有效果

导购员准确合适地称呼顾客能让对方感受到尊重和舒适。合适的称呼能让顾客更容易接受导购的存在，拉近双方之间的距离。合适的称呼是服务和推销商品的一个良好开端。导购员对顾客使用合适的称呼，就是要让顾客对自己产生亲近感，以便能更好地交谈。一个合适的称呼能让顾客放下自己的防御心理。无论导购员怎么称呼顾客，能立马说出顾客的名字是非常重要的。

一位成年女顾客到一家酒店，她打算在这里小住一段时间。
她走到酒店大堂的服务台，向里面的服务员打招呼。
这时候，服务员走向她："您好，小姐。您想住几晚？"
女顾客："你说谁是小姐？"
服务员："您啊，小姐。"
女顾客听后愤怒地离开酒店了。

一位顾客利用导购员给自己填写资料的时间，随便观看商品柜。
当他正拿起一顶帽子试戴的时候，导购员填写好订单，跟顾客聊起天来。
导购员："这位顾客，你的订单填好了！"
说着导购员拿起手中的订单挥了挥手。
顾客："哦，你在叫我吗？"
导购员："对，说的就是你。"

"您好，小姐。您想住几晚？"用"小姐"和"美女"来称呼女性顾客是不合礼数的，不合礼数的称呼不能让顾客感受到应有的尊重。

正确的做法是：在不知道顾客姓名的前提下，主动询问顾客的姓名，像"您好女士，请问您贵姓？"当问出顾客的姓名后，下次再询问顾客时，要主动说出对方的姓名加上"女士"二字。例如下面的对话"王女士，您打算在酒店住多久？"

"这位顾客，你的订单填好了！"以这样的称呼来回应顾客，也是不礼貌的。称呼顾客时一定要说出一个正式的名字或者称呼。只用"顾客"称呼对方，会显得语气生硬，感受不到一位导购员应有的服务态度。顾客会认为自己购买了商品，但导购员依旧不尊重自己，顾客就不会进行二次购物。

正确的称呼方式是："先生（女士），您的订单已经填好了，请您核对一下信息。""先生（女士），您的订单已经填好，麻烦您在这儿签个字。"

▶ **实战锦囊**

对男性顾客和女性顾客的称呼有很大的区别，在公共场合称呼对方美女、帅哥，如果顾客没有经常被身边的人这么称呼的话，这种突然的称呼会让顾客觉得十分尴尬。

（1）对女性顾客说出合理的称呼

不是随便能称呼顾客美女的，轻松随意的场合可以这样称呼对方，但在正式的场合中这样称呼顾客，明显是导购员不专业的体现。

选择合适的称呼只在一字之间，年龄不大的顾客不要称呼对方"大姐""姐"。导购员会认为叫"姐"是对顾客的尊重，但是这样的称呼不是谁都能喜欢并接受的。当一个看起来明显与自己同岁的导购员叫自己"姐"时，顾客心里会感觉奇怪，开始怀疑自己的年龄。

01 首先要让顾客喜欢你：站好位找话题

事实证明，大多数女性喜欢陌生人把自己的年龄叫小一点。在公共场所谁都不希望被别人叫"阿姨"。为了避免被导购员叫"老"的尴尬，顾客开始互相称呼对方"小仙女""小姐姐"。用这种委婉的称呼夸赞对方，跟"美女"相比，更含蓄一些。

需要注意的是，以上的称呼不适合中年的女性。如果顾客年龄太大还这样称呼对方，则显得导购员不够稳重。遇到比导购员大很多的顾客，双方逐渐熟悉后，可以在对方的姓氏后面加"姐"，年龄同等的老顾客可以直接称呼对方的姓名和昵称，这种称呼的改变可以加深双方间的感情。

（2）**最适合顾客的标准称呼**

最不容易犯错的称呼就是在对方的姓氏后面加上"女士""先生"。这种称呼国际上认可度非常高，一些高档的场所会规定把这种称呼变成永久式。这样称呼对方代表着尊重和礼貌，也会显示出代表公司的专业度，潜移默化地提升企业在顾客心目中的形象。

除此之外，标准的称呼能避免导购员过分同顾客套近乎，有些顾客不喜欢过分热情的导购员。所以，在第一次见面时，导购使用这种称呼就非常适合。

针对不同年龄、不同性别、不同场合的新老顾客，导购员要清晰地知道哪些话可以说出来，哪些称呼尽可能避免。只有在正确的称呼下，顾客才会愿意听导购员接下来的介绍。

初次交谈，营造轻松交流的语境

导购员与顾客初次交谈，不要太有压力。顾客更希望导购员营造出轻松愉快的交流氛围。轻松、没有压力的购物经历，让顾客更喜欢透露自己的需求。顾客透露的要求越多，就表明顾客对商品越感兴趣。当双方轻松交谈时，彼此的隔阂就变得比较容易解除。等导购员再去推销商品时，顾客就更愿意听商品的相关介绍。

一位顾客走进一家服装店，左看看右看看。

他拿了几件挂在货架上的新品，照着镜子在自己身上比量着，半天也没有选出喜欢的衣服。

这时候，导购员走过来："您好，先生。想买什么样的衣服？"

顾客："我在这附近吃饭，顺便看一下。没有特别想买的。"

导购员："那您要不要看一下我们新上市的衬衫？"

顾客："我很喜欢这件衬衫，可以便宜一些吗？"

导购员："您要是喜欢，试穿后就买下吧！但是不能便宜。"

"您要是喜欢，试穿后就买下吧！但是不能便宜。""您手里拿的这件衬衫不打折，原价1999元。""原价1999元，不打折，要是您嫌贵就不要试穿了。"这些都是错误的应答方式，不仅没有解决问题，还让顾客和导购初次见面的气氛变得严肃。顾客会感受到导购员很不

01 首先要让顾客喜欢你：站好位找话题

耐烦的态度，最后果断离开。

正确的做法是：当顾客提出疑问时，导购员要用轻松的语气回答。刚开始选购时，轻松的回应是促进交谈的手段。我们可以用以下回答来回应顾客："您真会挑，这件衣服刚上市就卖得很火爆。您要是喜欢就先试穿一下，看看上身的效果。"不仅暗示顾客会挑选衣服，又建议顾客试穿，加深顾客对商品的喜爱。这样，购物的气氛很快就变得轻松了。

"按理说是不打折的，如果非常喜欢的话可以给您一点优惠。可以多选购几件衬衫搭配着穿，您看这件就不错。"用讨价还价的方式回应顾客，同样有利于气氛变得更加轻松。

"您可以多看几件，多买有优惠哦！这件衬衫还有别的颜色，都很适合搭配您身上这件西服呢！"类似的话术也是轻松的回应，并且给顾客提供了一些建议。

▷ **实战锦囊**

导购员要尽心尽力地给顾客一次愉快的选购经历，让顾客开心选购的同时，也提升了店内顾客的流动量。一些新手导购员不会掌握事实和玩笑之间的分寸，以下几点是教大家如何掌握分寸的解答，它可以让导购员在与顾客交流时，巧妙躲过坚硬的礁石，使自己的话更加委婉轻松。

（1）顾客刚进店时，保持距离感

顾客很排斥刚进店面就有一堆导购员围着自己乱转。导购员向顾客不断地询问和推荐商品，只会增加顾客的压力。导购员应该做的是在顾客进店的前半分钟与顾客保持一定的距离，并且说出适当的欢迎词。比如"您好，请随便看看。""您好，有喜欢的可以先试试。"一般顾客愿意接受这些话，并且主动去选购商品。导购员不要过于热情，可以适当走动，假装在摆货。但要时刻注意，观察顾客的举动，等到顾客选到自己喜欢的商品时，再主动开始与顾客交流。

不要在顾客刚进来时就开始言语轰炸。比如"您好，需要帮助吗？""您好，您想要什么样的商品？""您好，您要不要看看我们的新品。还有打折的商品也可以，很便宜的。"这些话语仿佛在说"快点走吧，不要再来了。"导购员没有给顾客一个私人的选购空间，只是卖力地向顾客推销，这会让顾客讨厌。

（2）通俗而幽默的语言

与顾客交谈时，通俗的话术是必不可少的。用通俗的语气说话，没有官腔，更容易打动顾客。偶尔用幽默的语气交流，更容易营造出愉快的气氛，让人开心之余，放松自己紧绷的神经。幽默是调节气氛的绝佳帮手，如果导购提出一个奇特的观点，又恰好是顾客没有听过的观点，顾客会觉得对方很有趣。

（3）交流时缓解紧张，抓住关键点

导购员需要明确的一点是：你是一位专业的导购员，就必须大方流利的说话。在与顾客交流时，为了缓解紧张的情绪，可以在几句交谈后报以微笑，不要让顾客因为导购员的严肃而感到尴尬。

在交流中，导购员要占主导地位。时刻抓住事情的关键，不要被顾客漫无目的的聊天带跑。发现跑题时，迅速提醒自己，将话题引导到正确的方向上来。

不要在顾客一进门时就各种推荐

在顾客一进门时，经验不足的导购员就喜欢疯狂地推销商品。导购员总想着快点将商品卖出去，所以毫无节制地推销，然而却不知道顾客真正想要的商品是什么。其实顾客知道自己需要什么，他们了解自己的需求。不需要一个刚见面的陌生人来推销不相关的商品，进门就跟顾客推销带来的更多是不方便，把购物这件事情变得更麻烦。因此顾客会选择远离导购员，这样导购员就丢失许多潜在的顾客，最后无功而返。这种进门就推销的行为，简直是浪费导购员的时间。

顾客走进一个电器购物广场。

他走走停停，每经过一个品牌，就听到里面的人在吆喝。

几分钟后，他走到一家卖冰箱的店里。

导购员："先生要看冰箱吗？这款冰箱是近几年很火爆的款式，双开门，内存空间大，再加上这是德国……"

顾客："是吗，我再看看。"

导购员："您看的这款也不错，单开门省电节能，价格便宜……"

顾客没有说话，导购员继续说："我们家的冰箱都是双系统制冷，冷藏都是自然化霜，像什么蔬菜水果放进去很保湿的，有效防止食物干燥，您来看看这款明星商品。"

"先生要看冰箱吗？这款冰箱是近几年很火爆的款式，双开门，内存空间大，再加上这是德国……"一上来，导购员就向顾客介绍自己的冰箱，疯狂推销自己认为卖得好的商品。可是，却连顾客的需求都没有问，这样怎么能向顾客推销最适合他们的商品呢？导购员用这种表述商品的方式来招揽顾客，不仅不会成功，反而容易导致对方离开。

正确的话术是："您好先生，您对冰箱的款式有什么要求吗？"这句话虽然普通，但是在最开始推销时，导购员可以问出顾客的基本需求。在最短的时间里了解到顾客想要购买的商品类型是什么。

"您好先生，您之前了解过我们品牌的商品吗？"问出这句话时，顾客会回答"了解"或"不了解"。无论回答哪一个，都有利于导购员在接下来的交流中寻找话题。

"先生，您家里是一个人用冰箱吗？不知您是否喜欢多层冷藏食物？"详细问出顾客的需求，才能给顾客精准地推荐商品。

▷ 实战锦囊

导购员要懂得推销时不要随便浪费自己的热情。要做到在顾客到来时对症下药，抓住顾客的兴趣点，发现他们对商品的真正需求。导购员可以从以下这几点出发，用实践证明委婉推销的优点。

（1）设计令人印象深刻的开场白

一个能让顾客记住的开场白不只是穷追猛打的推销。导购员用心把自己商店的牌子说出来，一句简单的"您好，欢迎光临某品牌。"就可以让顾客加深印象，这就起到了很好的宣传作用。

说出店铺的名字，就要给顾客一个停留的理由，可以利用促销的诱惑来吸引路过的顾客。比如"今天新到的某商品，限量销售。""买一送二活动，先到先得。"把优惠活动进行详细的说明。让顾客不用询问他人，也能知道这家商店在搞活动，以及活动的内容是什么。有需

01 首先要让顾客喜欢你：站好位找话题

要的顾客，自然就会被吸引过去。

（2）询问和观察顾客想要什么

能满足顾客需求的导购员才是一个成熟的导购员。导购员要懂得主动询问顾客想要什么。无论是通过话语进行询问，还是暗自观察，导购员都要知道顾客想要什么。

从话语上询问顾客很简单，只要顾客走进商店，直接询问顾客想要的商品类型和款式就可以。除了主动询问顾客，导购员还要学会从顾客的眼神游移、语气升降、动作的缓急，看出顾客对什么商品更加喜爱。

导购员也可以从顾客的穿衣打扮和说话语气看出顾客的风格，投其所好，在此基础上寻找顾客需要的商品。在向顾客推荐商品时，随时观察他们的反应，对导购员的话语产生反感的顾客，会出现抗拒的动作。比如：低头、转移视线、双手交叉，等等。这时候就需要停止推销，转而和顾客聊一些轻松的话题。

懂得察言观色的同时也要听清顾客的需求。当顾客在和导购员沟通中已经传递信息了，导购员就要抓紧接收。比如一位顾客说出"这个架子有些细"时，导购员应该及时对顾客说出架子细的优势和不必担心安全问题的理由。

刚见到顾客时导购员要懂得适量推销。记得在销售商品时了解对方的需求，尊重顾客的需求，并且在顾客需求的基础上选择出适合对方的商品。

学会不露痕迹地赞美顾客

赞美顾客的好处是可以间接讨好顾客。所以，有些导购员总是拼命去寻找赞美顾客的语言，加大赞美顾客的力度。导购员这么卖力气的赞美，带来的却不是黏性高的顾客，而是一次次的失败。这是因为，过于夸张的赞美会让话语变得虚伪、不真实，一个正常人很难接受脱离事实、过多的夸奖。

导购员卖力地夸奖顾客，自我感觉很真诚，然而顾客听后不仅不感动，更多的却是冷漠和排斥，这是因为，导购员没有掌握好夸奖的分寸。优秀的导购员能把握好夸奖的分寸，不露痕迹地赞美对方，让顾客既感受到赞美带来的喜悦，又不会在导购员的赞美中退避三舍。

一位顾客走进一家服装店，刚开始挑选衣服，就有一个导购员走过来。导购员看见这位顾客穿衣风格独特，想一想就走上前来。

导购员："您好，先生。您穿得可真时尚。"

顾客："还好，有没有亚麻的裤子。"

导购员："当然有，一看您的穿衣风格就和我们的店铺特别搭。换作别人我是不会推荐穿亚麻的裤子。"

顾客尴尬地笑道："是吗？哈哈。"

导购员："是啊，别人来买我家衣服我是看不上的，除了像您这样的潮男。"

01 首先要让顾客喜欢你：站好位找话题

"您好，先生。您穿的可真时尚。"一句无关紧要的夸奖只会让顾客觉得气氛尴尬，无法回答导购员的话。在顾客看来，导购员说出这样的刻意赞美是糟糕的。顾客感受不到对方言语中的真诚，和这样虚伪的导购员待在一起，会不舒服。

"别人来买我家衣服我是看不上的，除了像您这样的潮男。"这句话，表面上像是在夸奖顾客，实则贬低了其他来这里买衣服的顾客，这会让新来的顾客感受不到导购员的真诚。显然这样的话语会让导购员显得偏执、傲慢。顾客不会喜欢这样的导购员。

正确的话术是："先生，您的眼光很独到。我们家的亚麻裤子销量最好，百搭易穿，随便搭一双运动鞋也很好看。"这句话，既夸赞了顾客的眼光，也顺便把自家商品的优势向顾客介绍了一遍。

我们还可以这样说："当然有，您的选择很不错，我家的亚麻裤子质量好而且价格优惠。""一看您就很有挑衣服的经验，我家的衣服都是百搭耐穿又不失时尚。"没有过分地夸赞对方，适度的赞美就已经收到了很好的效果。

▷ 实战锦囊

年轻的推销员听到其他推销员对顾客进行一些"虚伪"的赞美时，要注意，切忌被这种方式带偏。夸赞顾客时如何把握分寸，以下几点可供导购员参考。

（1）不要轻易赞美第一次见面的顾客

对陌生人保持基本的礼貌是得到对方好感的最简单的方法。不需要画蛇添足，若是勉强地夸赞对方反而得不到对方的好感，顾客只会充满防备。

（2）要赞美老顾客

与顾客下一次见面的时候，要发现顾客和上次来时有什么不同，及时夸赞对方。这样顾客会知道导购员时刻关注自己,知道自己在导购员心里有一席之地。自然对导购的夸赞表示开心。

（3）赞美顾客的点越专业越好

利用具体的细节进行赞美会让顾客更加信服。比如：顾客新买的发卡、新染的发色、新买的鞋子，新涂的指甲等。根据具体问题和细节进行赞美，顾客会觉得导购员是专业又细心的人。

（4）假借别人之口赞美顾客

这种方法不会把导购员的思想嵌入进去，而是站在旁观者的视角告诉顾客：你很好。这种方式使导购员的夸奖更加真实。导购可以说："您真会选，刚刚走出去的顾客还说您选择商品很有方法，上次还有个顾客问您的大衣是在哪里买的呢。"

（5）顾客消费后，暗示顾客的选择很完美

为了不让顾客在购买商品后出现后悔、反悔等情绪，导购员可以先在商店里稳住顾客，导购员可以边包装商品，边对顾客说："您真会挑选，这件外套是今年卖得最好的一件。有些老顾客还会买两种颜色换着穿。"这句话，会让顾客觉得自己购买商品的眼光很好，在回家前已经给自己打了一针安心剂。

当顾客在购买商品、对自己没有自信时，导购员可以临时拉顾客一把，委婉地夸赞对方一句。顾客因为夸赞感到开心，也会对导购员增添好感。在购买商品时，更容易被导购员说服。

放低说话姿态，让顾客宾至如归

对导购员来说，让顾客感受到宾至如归的服务是一种责任。一些导购员常表现出傲慢、冷漠的表情，情绪时高时低，对顾客要求的事情不紧不慢。这种服务态度是不会迎来更多顾客的登门拜访的，只有导购员适当放低姿态，才可以让顾客感到宾至如归。有一个好的服务态度，顾客会更愿意听导购员推销商品。

一位态度傲慢的导购员站在柜台前，这时走过来一位顾客。
顾客："请问还有没有四号色的口红。"
导购员："已经卖光了，专柜没有现货。"
顾客："那什么时候有现货呢？可以预定吗？"
导购员："你是会员吗？"
顾客："不是。"
导购员："不是会员不能预定。"
顾客："那我什么时候能买到？"
导购员："我都说了，你不能预定，那你还买什么？你只能等着。"
顾客听到后，转身走了。

案例中，导购员话语错误的原因是态度过于傲慢，导购员没有意识到自己的工作是服务于顾客的需求。案例中的"已经卖光了，专柜没有现货""不是会员不能预订""我都说了，你不能预定，那你还买什么？你只能等着"这几句话，不仅没有帮助顾客解决问题，还浪费了双方的交流时间。导购员很差的服务态度和语气，会使顾客觉得是因为导购员的业务能力欠缺，并且还缺乏专业的服务精神。等到下次购买时，会特意避开这家店，甚至会认为这家店的商品也有问题。

在回应顾客时，导购员可以换成更委婉的表达方法。比如用"不好意思，先生（女士），目前已经没有现货，您可以去其他专柜店或者官方认证的网店购买"等委婉的语气来表达，并且把其他购买商品的方法告知对方。这不仅会让顾客对导购员产生好感，而且顾客对商品的好感度也会提高。

"如果您不是会员的话，现在可以先注册会员。如果以后门店到货，我们会及时通知您"这句话，给顾客提供一个优良的解决方案，而不是着急打发走顾客。当顾客在填写会员资料时，还可以向其推销其他的商品，如果顾客对这个品牌感兴趣的话，通常会留意片刻。即使顾客无法购买没货的商品，经过导购员的推荐，也会有很大的概率购买另外的商品来弥补内心的遗憾。

▷ 实战锦囊

在工作中，导购员要注意自己的服务态度。过于冷漠和傲慢会让顾客对你的服务感到气愤；过于向顾客"弯腰"，又会引起部分顾客的疑惑和不尊重。掌握说话的分寸，适度沟通才是最好的服务态度。

（1）错误的劝告：不要打招呼

一些门店的经理会告诉导购员，在顾客进店后不要打扰他们，要让顾客自己慢慢选购。这句话貌似听起来很合理，但是完全不理会顾客的态度也不合理。

正确的做法是：在顾客进门后热情地打招呼；在顾客选购商品时

01 首先要让顾客喜欢你：站好位找话题

不要强行推销商品，而是在顾客有需要的情况下，做出合理的引导；等到与顾客熟悉后，知道其需求或顾客已经提出需求，就可以向顾客积极地推荐商品。这样张弛有度的推销方式，会让顾客感到宾至如归，又不会觉得导购的服务过度热情。

（2）把服务重心放到商品上

导购员最终的目标是把商品卖出去。无论服务态度是过于冷漠，还是过于热情，最重要的是让顾客感受到商品的优点，顾客才会觉得导购员的服务是完美的。只有商品完美，顾客才能感到宾至如归。商品是建立在服务上的，导购员推销商品，向顾客把商品的优点讲解出来，顾客自然会购买。

（3）合理把控自己的心态

有些导购员不是过于自信，就是过于自卑。在工作中这种不正常的心理状态很容易表现出来。遇到顾客时，容易暴露出自己不成熟的一面。所以，工作中，导购员需要注意这些情况，既不卑微也不傲慢，既不冷漠也不谄媚。给自己树立良好的心态。

在顾客面前，导购员要做到服务适度，把握分寸。在合理服务的基础上，导购员适当放低说话的姿态，合理把控自己的心态，将推销的重心放到商品上。

哪怕再忙，也不敷衍回答顾客的提问

有些店铺发生过这样的情况。在购买高峰期或者人流密集的时间段，一个导购员要兼顾多个顾客，有些导购员为了把上一个顾客快点打发掉，迎接下一个顾客，所以，回答上一个顾客的疑问时常常敷衍了事，得过且过。这样的服务态度常会得到顾客的抱怨，可能成为顾客流失的重要原因。

在人流量较大的时间段，一位优秀的导购员不仅要具备讲解商品的专业水平，也要有维持秩序的能力，还要有对一个又一个顾客，从容不迫地将商品的信息进行详细说明的能力。

有一家在做大促销活动的服装店，店里试衣服的人很多。

顾客："导购，我前面还有多少人？"

导购员："您前面还有很多人。"

另一个顾客问道："你们家的围巾有优惠吗？"

又有一个顾客问道："满300元打折还送小礼品吗？"

"你们家的s号为什么这么大？"

导购员："你们等一下。我一个人解决不了所有人的问题。"

顾客："那你什么时候回答我的问题？"

导购员："嗯，好的。"

01 首先要让顾客喜欢你：站好位找话题

当导购员过于忙碌的时候，错误的回应方式是"你们等一下，我一个人解决不了所有人的问题""嗯，好的"用这样不明确的回应方式，不但不会快速解决问题，而且还会让等待解决问题的顾客着急进而引起不满。这样的回答方式会消减顾客的购买欲望，这样不负责任的导购员是没有办法留住顾客的。

正确的处理方式是：先向顾客表达自己忙碌的现状，获得他们的理解，然后再把对方的诉求完整地回答一遍。比如"不好意思，因为今天大促销，排队的人比较多，请您耐心等待。"先道歉，再同顾客说明情况，请求他们的理解。

"让您久等了，全场都有优惠的，小礼品送完截至。"导购员一边忙着手上的事情，一边微笑地看着顾客说出上面那句话。让顾客感受到导购员在关注他，然后快速解决顾客提出的问题，以便节省双方的时间。

▷ **实战锦囊**

其实这种考验导购员专业度的事情，导购员每天都会经历几个小时。对于这件事情，导购员应该如何做，才能在繁忙的时候做到面面俱到呢？

（1）在顾客面前即使再忙碌也不要皱眉头

在商场我们会看见很多这样的导购员。面对大量的顾客，一边紧皱着眉头，一边解答着问题。这种表情可能因为过于忙碌工作而不自主地皱起眉头，可是当顾客看见这样的表情，心里不会太舒服，严重的话甚至想快点买完，这会导致导购员的工作进度越来越繁忙。所以忙碌时，导购员要做到控制自己的表情，向顾客露出微笑。当顾客看见导购员的微笑，心理的急切情绪也会随着缓解。

（2）沟通不到的顾客远程沟通

当导购员被一群顾客围住，无法脱身时。远处的顾客也同时向导购员发起求助，这时导购员可以用微笑、眼神或者动作来提示远处的顾客商品的位置。

（3）及时补偿没有被兼顾到的顾客

忙碌时，难免会冷落几位顾客。我们要及时发现那些被我们冷落的顾客，并且给对方一些优惠。被冷落的顾客是很容易丢失，转而进入别人家的店铺的。导购员要及时发现并且向顾客道歉，这是一个很好地挽留顾客的办法。

（4）提前准备好自助教程和材料等

导购员真的忙不过来的时候，提前准备一份商品的使用说明、购买说明、促销说明等，这些会让双方更加方便，有些顾客很乐意自助购买，他们不愿意接触导购员，对顾客来讲全面的商品说明也是一种他们了解商品的便利。

（5）平日里练习自己的工作效率

熟能生巧，优秀的导购员是通过平日的实践训练出来的。一个优秀的导购员要知道快速解决顾客的问题需要过硬的专业素养。当顾客问出哪个商品在哪里时，导购员能立马说出商品的位置。与此同时，在众多的问题中导购员要知道哪些是重点问题，哪些是次要问题。比如：一位忙碌的导购员同时遇到了两个问题，一是顾客想要换另一种商品，二是正在装扮明天商店的气球。这时，正确的选择是放下气球去帮助顾客替换商品。

忙碌时导购员要做到不惊慌。保持好自己的职业素养，记得微笑和远程帮助顾客。在忽略顾客时，要及时弥补对方。忙碌前要做好充足的准备，自助服务和人工服务都不能少。判断事情的轻重缓急，记

01 首先要让顾客喜欢你：站好位找话题

得先解决重要的问题，再解决次要的问题，这样往往会事半功倍。最重要的是抓住一些实践的机会，将自己的能力锻炼提高，等到下次忙碌时，提升工作效率。

避免令顾客反感的肢体语言

与顾客的沟通中,导购员得体的话语和基本的礼貌很重要。在销售中,导购员的肢体语言也很重要。往往导购员不经意的小动作就是订单成交的关键,也许"微妙的眨眼睛"都能坚定顾客购买的决心。一位经验丰富的导购员能够把身体的语言控制在顾客喜爱的范围内,利用自己的肢体散发自己的积极情绪,并且向顾客传递这种情绪。

一位顾客走到一家化妆品店,拿起一款面膜。

这时候,导购员走了过来。

导购员说:"您手里的这款面膜富含纯天然植物精华液,除了可以补水保湿,还有镇定舒缓的作用。"

顾客:"这里的植物精华主要有哪些呢?"

导购员:"包装上有说明的。"

说完弄了一下自己的头发,看向别处。

顾客:"好的,那我还是自己先看看吧。"

顾客说完话,走远了几步,就再也没有看导购员。

"包装上有说明的"说完弄了一下自己的头发。导购员这样的表现会让顾客感觉不到诚意,顾客会觉得导购员对自己售卖的商品没有做好功课,并不了解商品。并且在顾客向对方提出问题时,摆弄自己

01 首先要让顾客喜欢你：站好位找话题

的头发，是一种不耐烦的表现。

正确的做法是：在顾客提出问题时尽职尽责地解答顾客的疑问，并且不要做多余的动作。"面膜主要的成分是芦荟和洋甘菊，都是低刺激的成分，敏感肌肤也可以使用呢！"说话时面带微笑，眼睛要看着对方。

如果导购员不清楚顾客提出的问题，就用这样的方式来回答："女士，您看一下商品的说明，里面有非常详细的介绍。"说着帮助顾客翻开商品说明的部分，带着顾客寻找答案。

用这两种方式解决问题，即使导购员没有向对方完美地介绍商品的信息，但是顾客仍能感受到对方的尊重和友好的态度。

▷ 实战锦囊

想要避免令顾客反感的身体动作，我们就要知道哪些动作是工作中的雷区。在工作中要避免对于推销不利的动作，并且使用正确的推销手段，在与顾客的沟通中获得有利的地位，促进交易的达成。下面的动作要不得：

（1）没有交流的眼神

在销售中，导购员要随时用眼神来和顾客交流，这是积极引导顾客的一种方式。眼睛是人与人沟通中重要的部分。当我们与别人交谈时，第一时间看到的不是对方的眼睛就是嘴巴，所以，在销售中，导购员要想避免尴尬的情况，看顾客时眼神就不要游离，不要斜视。总的来说，讲话时，不要一个人闷头说话。

在销售中导购员要做到不逃避顾客的眼神，说话时正常直视对方的眼睛。

（2）态度过于严肃

有些导购员总是面对顾客冷着脸，这种做法是不可取的。与顾客说话采用拒人于千里之外的方式，对方是不会想在你这里购买任何东西的。

正确的做法是：面对顾客学会微笑，在向顾客推销商品时，微笑能缓解双方第一次交谈的陌生感，微笑的魔力就是能提高陌生人的亲近感。

（3）不积极的状态

无论你的工作内容是什么，即使在你不满意的情况下，也不要用消极的态度来应对工作。当导购员总是处于消极的状态时，会做事拖沓，行动不积极，表现出一副懒散的样子。这很难让顾客上这里买东西，消极的状态很容易感染别人。同样的，积极的状态也能感染对方。如果导购员一直处于积极的状态，顾客自然愿意接触这种态度的工作人员。

（4）举止、行为不端正

一般这样的导购员没有经历过正规的培训，或者已经习惯用这样的方式接待顾客。他们的站姿经常是弯腰驼背、耸肩探头。喜欢依靠附近的物品，双手要不交叉、要不插兜，毫无美感。给顾客的直观感受就是对方是一位业余的导购员。一位优秀的导购员知道注重自己的礼仪，挺胸抬头。男性导购员要做出干净利索的站姿，女性导购员则要做出柔美优雅的站姿。在顾客面前有礼，能让导购员建立起优秀的个人形象。顾客会因为一位导购员的仪态来决定这家店的档次，一家员工形象好的商店更容易得到顾客的青睐。

导购员要克制自己的不良习惯，不要将生活中的小动作带到工作中。用有益于自己和顾客的举动积极地接待对方，让顾客感到被导购员尊重和关怀，从而给顾客留下好印象。

如何快速判断顾客当天买还是不买

年轻的导购员总有这种烦恼，不知道顾客什么时候购买。他们总以为顾客会当天定夺，于是向顾客按照全部的流程讲解商品，结果导致导购员的工作量大增，因为他们在没有兴趣购买的顾客身上浪费掉大量的时间，顾客也因为导购员过于"热情"的推销而闪躲。导购员要学会看眼色行事，要看出什么时候顾客对商品感兴趣，什么时候顾客会对购买商品犹豫不决。拥有这项能力，可以提高导购员的工作效率。

两位顾客看了很久的冰箱，却迟迟没有购买。
顾客甲说："我感觉这款冰箱没有上一个款式新颖。"
顾客乙说："我们已经看一天了，微波炉还没有买。"
顾客甲说："好纠结，感觉比来比去都差不多。"
导购员听见说："你们好好想一下，我去招待一下别人。"

"你们好好想一下，我去招待一下别人"这句话表明，顾客已经有明显的购买欲望，导购员就要及时地引导对方，而不是把对方扔在一旁不管。顾客已经说出"我们已经看一天了，微波炉还没有买。""好纠结，感觉比来比去都差不多。"就说明顾客想快点决定此次购买的商品，好去购买其他的商品。

从顾客的话语中，优秀的导购员能感知到对方想不想买的态度。这时，导购员的正确做法是：在顾客不知道如何选择的时候，利用积极的态度去拉顾客一把。导购员应该这样说："先生，这款冰箱真的很不错，可能您觉得款式不够新颖，但也可能新颖的款式没多久就过时了，这款就更耐看，性能也更好，属于耐用型的冰箱"。

▷ **实战锦囊**

从以上的例子可以看出，如果我们想要抓住准顾客，就要在顾客的一些行为举止上多注意、多了解。关注顾客不经意间的对话，根据顾客的动作和表情来调整自己的话术和销售技巧，让打算今天购买商品的顾客快速成交。我们可以从以下几点来分析顾客今天是否有购买的意愿。

（1）关注顾客与朋友间的对话

有一些话顾客可能不会直接和导购员说出来，但是会在选购商品时与朋友的聊天中不经意提起。所以当导购员看到顾客正与朋友聊得很开心的时候，不要转移注意力去做别的事情，应该注意顾客对朋友倾诉的话语。当顾客给自己的家人打电话商量的时候，我们也要暗自留意他们的交谈内容，以便更好地进行推销。

（2）注意顾客自身透露的信息

有些顾客很愿意主动和导购员交流，这时候导购员要积极配合顾客，不要一副爱理不理的样子，这会削弱顾客的购买热情。有经验的导购员会发现，那些主动要求导购员展示商品的顾客更有购买意向。这时候导购员再问出顾客要求商品的细节，比如："你想要什么颜色的商品""什么性能的商品"，顾客会很乐意跟导购员分享自己对商品的要求。导购员根据顾客提供的信息再帮他们选择商品，通常情况下，对方会选择当天购买。

01 首先要让顾客喜欢你：站好位找话题

（3）顾客主动提出问题

打算当时购买的顾客最关注的是商品的售后服务，他们会不经意间问出"保修是多长时间？""什么时候能装修好？""送到外地需要几天能到？"这样的问题，说明顾客已经在想购买后的事情，这样的顾客成交率是很高的。

还有一种问题是，顾客比较在意商品在销售中的折扣。比如：最近有没有店庆活动，节假日活动等。这些问题说明顾客近期有购买意向，并且会关注商品的优惠详情。

（4）刺激顾客进行购买

在不知道顾客是否会购买的情况下，导购员要主动出击。因为顾客不一定会二次进到我们的店铺。所以，最好在顾客第一次进入店铺的时候，导购员就把那些想购买商品的顾客拿下，让他们没有反悔的机会。

导购员推荐商品时，不只要给每一位顾客宾至如归的感觉，更重要的是看出哪些顾客是真正想购买商品，哪些是完全没有兴趣的顾客。在后面的推销中做到一针见血，节省时间，避免浪费时间，增加成交概率。

当顾客进店之后如何留人

导购员常常看见像游客一样的顾客，进店来逛一逛就离开了。一天结束，店铺的客流量有几百甚至上千，但是成交的单数只是寥寥几笔。那么，如何促成那些本打算随便逛逛的顾客们的交易，并进一步把他们变成老顾客呢？

一位顾客走进一家服装店，转了一圈后拿起一件衣服翻看。
导购员："您好，有什么可以帮助您的？"
顾客："我随便看看。"
说完拿起另一件衣服。
导购员："这件是今年的爆款，配这条牛仔裤很合适。"
顾客听到后放下手中的衣服，拿起另一件看。
导购员："这件上衣也很受欢迎，料子是纯棉的，穿起来很有质感。"
顾客点点头，说道："挺好的。"
最后，顾客转了一圈就走出了这家服装店，往另一家服装店走去。

当一位刚进店的顾客走过来时，错误的回应方式是强硬地向对方推荐商品和问顾客一些不知道如何回答的问题。比如"您好，有什么可以帮助您的？"这句话，当一位明显没有购买目标的顾客被问到这句话的时候，顾客都会说："我随便看看。"这样，对我们的推销毫无效果。

01 首先要让顾客喜欢你：站好位找话题

正确的做法是：在顾客还没有对一件商品感兴趣的时候，先和顾客保持距离。当顾客左顾右盼，拿起商品又放下的时候，才是顾客想要寻求导购员帮助的时候。这时，导购员就可以说出"您好，请问有什么可以帮忙的吗？"这句话。

在这个场景里，"这件是今年的爆款，配这条牛仔裤很合适。""这件上衣也很受欢迎，料子是纯棉的，穿起来很有质感。"这几句话也是不正确的，一个随便看看的顾客不会想知道自己不感兴趣的问题，只会觉得导购员多话。当顾客没有主动提出对哪件商品感兴趣，没有主动问出想要的商品时，导购员一直去推荐，反而会引起顾客的反感。

正确的做法是：说一句诱导对方回应的话，"您很有眼光，这件衣服是我们这个季度的招牌商品。不知道您喜欢什么样的？"用夸赞的语气引导顾客欣赏商品，顺便询问顾客的需求，不经意间了解顾客的喜好。

当顾客已经说出："我随便看看。"这句话时，我们可以这样回应："没关系先生（女士），买东西当然要多看看，不过这个季度的款式都很新颖，您可以先了解一下。来，这边请。"说一句"没关系"，减轻顾客内心的负担，这时候再向他们介绍商品会更容易被顾客接受。

或者是"买东西当然要多看看，您买不买没有关系，您先了解一下我们的商品，请问您喜欢什么类型的服装呢？"同样的话术，用"没关系"来减轻顾客的负担，转而询问顾客的需求。

▷ **实战锦囊**

导购员都想在顾客进店后快速和顾客交流沟通，有部分顾客不配合，有部分顾客喜欢自助购物。不同的顾客有不同的反应，导购员可以做出以下两种改变，主动出击，把顾客引导到自己的销售范围内，从而加强顾客的购买意向。

（1）积极引导顾客体验商品的价值

在服装店，导购员积极引导顾客试穿衣服，会提高成交的概率。顾客只有亲自感受商品的价值，才会产生购买的冲动。

需要注意的是：在引导顾客体验商品时，导购员需要做到应有的专业素养。在讲解商品的材质、功能等方面时，要非常熟练，这样顾客在导购员的介绍下才能完全了解商品的优点。导购员要用商品自身吸引顾客，而不是华而不实的话术。

（2）把顾客的问题转化为成交订单的时机

顾客在选购商品时，总会对商品的质量、功能产生许多疑问和担忧，这时候导购员的存在是非常必要的。遇到这种情况时，导购员不要急于向顾客解释，导购员要站在顾客的角度上化解矛盾。先赞同顾客的观点，假如一位顾客提出异议"这件衣服的颜色太过单一，前面丝毫没有装饰物，虽然质量很不错……"这时，导购员可以顺着顾客的话说，"看您对颜色和装饰很有要求，不如您先告诉我想要什么样的装饰，我来为您挑选更适合您的衣服"。

顾客进店后，导购员需要做的是：顾客刚进店时要保持距离；顾客对某种商品感兴趣时，导购员要主动接待顾客。说出让顾客无法拒绝的话语，并且建议顾客去体验商品，让顾客对商品更加熟悉。当顾客提出质疑时，主动把疑问转换为成交订单的机会。以这样的方案销售商品，当导购员再遇到游客式的顾客，就能减少对方"溜掉"的概率，快速吸引顾客的视线，最后成交。

02

明确顾客的真正需要：多倾听巧妙问

充分了解顾客的购买动机

有些顾客即使很富有也喜欢买打折促销的商品；有些顾客即使生活很拮据也喜欢买昂贵的服装和奢侈品；有些顾客看似不起眼但是消费起来毫不手软。这些情况取决于顾客的消费心理和消费动机。消费动机不同，消费理念就不同，顾客的消费能力也会有明显的差别。导购员找准顾客的消费动机，发掘出顾客的心理变化，就能在销售中占据有利的地位。

一位顾客在电器购物中心徘徊了很久，他走到一台电视机面前，低头看着电视机的报价。

导购员："您好先生，想看看电视机吗？"

顾客："是的，但是不知道哪一种款式更好？"

导购员："先生，您看这台电视机原价7000元，今天商场促销价6899元。送礼券保修3年，非常优惠，您看怎么样？"

顾客："除了能看电视还有其他的功能吗？"

导购员："没有哦。"

顾客："我想买一台能联网打游戏的电视机，再说，现在谁还专门看电视，而且这台这么贵，算了我再看看别的吧！"

导购员："好的，那您再看看别的吧！"

"好的，那您再看看别的吧。"导购员说出这句话就等于直接放弃了潜在的顾客。当顾客说出"我想买一台能联网打游戏的电视机"，这句话，充分表达出顾客自己的需求，导购员就应该抓紧机会推销商品。

正确的回应是："先生，只要您有专业的设备，这款电视是完全能满足您的，而且您知道吗？这款算是性价比最高的电视了，现在OLED屏没有这么便宜的价格。您正好赶上了我们店的促销活动，活动只剩最后两天了。"

当顾客说出"而且这台这么贵"时，说明顾客的购买动机是既要便宜又能联网打游戏的电视，那么导购员也可以这样说："当然有，您看旁边那款只是之前价格的一半，能够打游戏，画面流畅不卡顿，而且色彩很好，我给您示范一下"。

▷ 实战锦囊

从上面的案例中，我们了解到顾客购买商品的动机无非就那么几种。有的人喜欢买实在货，有人喜欢买新鲜货。导购员可以根据不同顾客的动机来改变自己的销售策略。顾客的消费动机可以分成以下几点，导购员可以根据这些方面，适当调整自己的推销方向。

（1）购买动机在于实用

这类顾客在购买商品时追求实在货，以质量和实用为主，外观品牌样式为辅。这类顾客的消费水平一般，并且购买动机明确，喜欢和导购员议价，购物相对比较理智。

（2）购买动机在于新鲜

这类顾客的消费动机就是注重物品的外貌、流行、独特性。对流行和新鲜性比较敏感，导购员可以从这方面入手。他们对商品的价格和质量比较宽容，容易冲动消费，多以年轻人为主。

02　明确顾客的真正需要：多倾听巧妙问

（3）购买动机在于优惠

这类顾客的购买动机就是便宜优惠，哪里有促销哪里就有他们的身影。喜欢囤货、喜欢购买廉价、低价的商品。他们经常受到优惠券的诱惑，消费水平一般，有优惠时消费较冲动。

（4）购买动机在于便捷

这类顾客追求方便、快速、省事的理念，喜欢买一些懒人神器，多功能物品。在购买商品时也喜欢速战速决，绝不多停留一会。方便使用的商品更容易受到这些人的喜爱，比如代驾、外卖等。

（5）购买动机在于习惯

这类顾客在购买商品时经常会寻找曾经购买过的店铺，曾经购买的商品。不喜欢尝试新鲜的商品，喜欢以稳妥为主。这类顾客容易与导购员产生长时间的联系，导购员应该把握好这段长时间的关系。在以后的销售中，导购员也会多获得一些固定的顾客群体。

（6）购买动机在于质量

这类顾客的消费水平较高，喜欢购买那种能用几年甚至几十年的商品。在与导购员交谈时，最常说的一句话就是："这个质量怎么样？能用多久？"不会太注重商品的外貌，能够消费较昂贵的商品。可能会议价，但不会纠缠太久，在中老年消费群体里较多出现。

（7）购买动机在于包装

有些顾客看见好看的包装就想购买，这类顾客容易被好看的造型、色彩等吸引。这类顾客在消费时喜欢自助购物。导购员在介绍商品时，需要着重讲解商品的美感，辅助说出商品的使用感，这样可以加快顾客消费。

（8）购买动机在于牌子

为了得到心理的满足和实现自己的表现欲，有些顾客喜欢追求名牌。喜欢关注一些奢侈品牌的动态。导购员在遇见这类顾客时，可以多夸赞对方，聊一些品牌方面的新闻，以得到对方的共鸣，这样顾客会更容易亲近导购员。

（9）购买动机在于攀比

这类顾客有很多是教育消费，或是被营销吸引，喜欢展示自己的生活，喜欢购买限量版。导购员只需要刺激一下顾客，就能激起他们的购买欲。比如：同顾客讲述其他消费者购买什么商品，就已经达到心理暗示的目的了。

顾客的消费动机要导购员们仔细发现，认真寻找。导购员利用消费的弱点攻克对方，埋下心理暗示后，顾客就会自动前来购买。

摸清顾客眼里的"物美价廉"

顾客眼中的"物美价廉"不见得是指价格便宜、质量很好的商品。一些导购员在这种根深蒂固的思想影响下,不拓展自己的思路,永远固执地介绍商品的质量有多好,价格有多优惠,但是顾客对这样的诱惑却无动于衷。导购员需要真正知道每一位顾客心里所想的"物美价廉"的定义是什么,并且根据顾客的要求提供相应的商品,以便达成交易。

顾客走进一家在做促销活动的超市。

导购员:"酸奶买三送一,会员卡积分兑换只剩最后一天了。您要不要来一些?"

顾客:"我没兴趣。"

导购员:"保暖内衣特价,买两件是一件的价格,您看这种保暖内衣质量可好了!"

说着另一个导购员拿起手中的保暖内衣给顾客看。

顾客:"谢谢,我现在不太需要。"

案例中顾客拒绝导购员的优惠推荐,并且以"我没兴趣""谢谢,我现在不太需要"回应。说明导购员的优惠策略并没有打动顾客,顾客也没有认为导购员眼里的物美价廉的商品是他所认同和需要的。

当顾客已经对导购员明确拒绝后，导购员可以这样回应顾客："您好，饭后一杯酸奶可以促进肠胃蠕动，您尝一口我们的酸奶，当然试吃是免费的"，通常顾客不会拒绝免费的食物，当顾客尝试以后，可能会考虑是否购买。

"女士（先生），天气变冷了，买一件保暖内衣可以随时保暖，而且价格不贵"。用另一种"物美价廉"的话术来诱惑顾客，让顾客把当前的天气与衣服联系在一起，也许顾客不想购买的心会动摇。

▶ **实战锦囊**

现在消费者注重的"物美价廉"更多样化，这是因为随着生活水平的提高，商品的种类越来越丰富，顾客对商品的要求也不尽相同了。一些顾客喜欢的商品既便宜又好看，在他们眼里算是"物美价廉"。有些顾客喜欢的商品寿命高价格又能接受，在他们眼里也被视为"物美价廉"。

（1）看清顾客的消费价值理念

一般顾客会因为认可一件商品而自主地认为这件商品的价格很合理、很便宜。商品本身受到顾客的认可是很重要的。比如：一位顾客花费 500 元观看一次演唱会，他认为很物美价廉，而买一份 50 元的水果又觉得很贵。另一位顾客花费 1000 元买一件衣服认为物美价廉，而买一份 5 元的报纸又觉得很贵。

在不同的顾客面前，相同的物品价值也会有不同。

（2）合理推广"物美价廉"

有些顾客认为"物美价廉"是指花费 1 元钱购买价值 100 元的商品。当导购员用夸大的话语吆喝时，这种误会容易导致一些顾客信以为真。顾客满怀期待地购买商品，收到后却失望至极。接下来的情况就是大量的顾客选择退货，给导购员的售后工作带来许多麻烦。所以，

02　明确顾客的真正需要：多倾听巧妙问

导购员需要向顾客准确描述一件商品的实际质量，向顾客传递"一分钱一分货"的理念。

导购员在介绍促销衣物时可以说："欢迎光临，今日促销秋装……您喜欢这一件吗？可惜这款是最后一件了，有些瑕疵，不是您这么好看的人儿，是不会买的"。说完导购员翻开一块面积不大的瑕疵，这就是向顾客推销质量不太好的商品时，导购员可以用到的话术。

（3）补偿优惠

顾客一直在店里徘徊就是不买东西，任导购员怎么推销、如何优惠都不管用。这时，有些导购员会生气地不理睬顾客，这种做法是不正确的，而且不能解决根本问题。正确的做法是：导购员需要给顾客一些实质性的优惠，比如试吃环节、赠送小礼品、免费试用等。

在接受导购员的小回馈后，大多数顾客都会变得客气且充满愧疚感，即使顾客没有很强烈的购买意愿，也会因过意不去而象征性地购买一份商品。在购买前就让顾客体验到物美价廉，在之后的消费中，顾客就不好意思再去寻求优惠。

反过来，在顾客消费后也可以使用这种方法。当顾客觉得商品不值这个价格的时候，导购员就用适量的优惠或赠品来弥补对方，使顾客的不满意因为这一点恩惠而逐渐平静。

导购员不应该把自认为的"物美价廉"强行嫁接到顾客身上，导购员需要做的是分析顾客的消费理念，观察顾客的心理变化，诚实地表述自己的商品内容，最后利用小优惠让顾客尝到甜头，稳住顾客怀疑或不确定的心态，给顾客一个满意的购物体验。

每一个人都希望享受到上帝般的服务

顾客都希望导购员对自己是全心全意的服务，上帝般的服务能让顾客感受到对方很在意自己，良好的服务态度能让双方感受真实的情感和思想上的传递。顾客更愿意在这样的环境下反馈自己的消费体验，上帝般的服务是每一个导购员的必修课。

一位顾客走进一家百货商店，在一排排货架中徘徊很久。

顾客看见一位导购员，便上前问道："您好，请问沐浴露在哪个货架上？"

导购员四处观望了几眼，随手指着一个方向说："在那边！"

顾客："那边的哪个位置？那边的货架我已经看过了，好像没有。"

导购员："右手边那个位置，右转就能看见。"

导购员四处观望很久，随手指着一个方向说："在那边"，这样的服务方式是错误的。对于顾客敷衍了事地做出解答，顾客也不会对导购员留下好印象。

正确的回应方式是：立刻指出商品所在的方向，并且向顾客详细地说明商品的位置，"您好，沐浴露在右手边最后一个货架上，从上数前三排都是"。

"右手边那个位置，右转就能看见。"这句回应也是错误的，顾客

02　明确顾客的真正需要：多倾听巧妙问

已经明确地提出自己找不到商品。这时，导购员应该主动带领顾客寻找商品。

正确的做法是：向顾客传递微笑，并且说"我带您过去吧！就在不远处。"正愁找不到商品的顾客会欣然答应对方的请求。这时候导购员就能趁机向顾客推荐商品，以便完成交易。

▶ 实战锦囊

良好的沟通方式是带给顾客优质服务的契机。几句精心营造的话术，可以让顾客感受到上帝般的服务，又不会认为是导购员刻意为之，或者过于热情。在与顾客交流时，导购员要记住以下几种话术，学会在推销商品和服务顾客时应用他们，以便完成订单。

（1）顾客提出的问题回答要迅速

顾客主动向导购员提出问题，那肯定是百分百的需求。这时候顾客一定想要导购员尽快答复自己，在顾客看来行动迟缓的导购员是在敷衍了事。比如，在顾客提出："您好，能帮我拿一下购物袋吗？"导购员就要立刻行动，并在行动的同时说出这样一句话："没问题，马上就来！"行动力和语言上要同时给顾客一种"我会立刻给您做到"的感觉。

（2）主动询问顾客

当顾客已经选择好商品时，导购员向顾客说出："您还需要……"，顾客认为这样的导购员考虑问题更为周到。面对一位已经选购好商品的顾客，导购员可以询问："你还需要饮品吗？搭配糕点食用有解腻的作用，饮品第二份半价哦！"顾客不一定会购买，但是对方会感受到导购员优质的服务。

（3）适当地感谢顾客

当顾客成交订单后离开商店，导购员应及时对顾客说："感谢光临，请慢走!""期待您的下次光临。"加上这几句话,顾客会觉得导购员在自己付款后的态度与推荐商品时的态度一致,体现出优秀导购员的职业素养。

(4) 适当地提醒顾客

当顾客第一次体验商品时,导购员可以适当提醒对方使用方法。比如:"刚出锅的煲汤,小心烫哦!""蘸我们家的独家酱料食用更美味。"当顾客打算离店时再次提醒顾客:"感谢您的光临,请拿好您的私人物品,避免丢失"。

(5) 用赞美化解尴尬

顾客误会一件事情或者做出一些错误的决定时,比如:顾客的小孩把商店的立牌弄倒了,导购员除了第一时间整理倒下的立牌,还要安抚对方小孩的情绪,可以说:"小朋友没事的,阿姨帮你竖起来吧!"又或者顾客在挑选商品时,不小心弄掉了商品,正要捡起来。导购员可以说:"没关系的,您先挑选着,我来弄,这款很适合您穿。"等类似的话语。

(6) 不做讨人厌的回答

切忌和顾客强行争辩。当顾客提出疑问时,比如:"你们家的商品比网上卖得贵了一倍。"错误的回答是:"不会吧,这是全球统一的价格。"生硬地反驳对方,顾客感受不到优质的服务。

正确的回答是:"您好,这里是专营店,价格虽然贵一点,但是保证商品的质量哦!您也不想买到假货吧?"

切忌说顾客听不懂的话或者敷衍的话。当顾客提出问题,导购员不知道如何作答时,就直接坦白地讲:"您好,这件事情我不太了解,需要帮您询问一下。"而不是敷衍地回答:"这个好像没有……"无论导购员知不知道这个问题的答案,都要给对方一句通俗又真诚的应答,保证顾客获得最明确的答复。

02 明确顾客的真正需要：多倾听巧妙问

优质的、上帝般的服务其实就是：面对顾客时，导购员表现出最真诚的态度。在适当的时机，向顾客传递友好，在体验商品时随时照顾顾客，帮助推荐顾客需要的东西。导购员要想到顾客没有想到的方面，并且及时向顾客传递这种信息，让顾客感到自己正在接受导购员贴心的服务。

少说多听，让顾客自己做选择和决定

导购员常常误以为话语权在自己手中就是对自己有利的。但实际上，导购员过于炫耀自己的口才，或是向顾客表达"炫技"般的话术，顾客都不一定被导购员打动。大部分的顾客有丰富的购物经验，在他们面前，这种推销方式已经不是稀奇样式。所以，与其多费口舌，导购员们不如多倾听顾客真实的内心想法。

顾客："请问你们这里的积木怎么卖？"
顾客手里拿着一块积木问道。
导购员："您好，女士。我不推荐您买这个积木。"
说完拿起另一个牌子的积木，对顾客说："这款更好玩。"
顾客："不，我喜欢这个牌子。"
导购员："您买这个肯定会后悔，您不如听我的。"
顾客听到后，看了几眼柜台，走出了商店。

"您好，女士。我不推荐您买这个积木。"说完拿起另一个牌子的积木，对顾客说："这款更好玩"。顾客已经开始询问商品的价格了，导购员还在推荐别的商品，却不回应顾客的问题，这是一种典型的错误做法。有时候导购员因为业绩或是好心的推荐与顾客唱反调，顾客不能理解对方的意思，只会觉得导购员的建议是无用的。

02 明确顾客的真正需要：多倾听巧妙问

正确的回应是："您好，这个积木售价399元，不过只适4到6岁的小朋友，不知道您是给谁买呢？"顾客听到了导购员回复的价格后，导购员再问出下面这句话时，顾客也许会回应。顾客说出是给多大年龄孩子购买的时候，导购员就能通过从顾客那里获得的信息，推荐更加适合的商品给顾客。

"您买这个肯定会后悔，您不如听我的"。对顾客说出您以后会后悔的话，这让顾客对导购以及这家店的印象迅速变差，顾客会产生这家店的商品质量不过关等想法。

正确的说法是："既然不是给小孩子用的，那您真是个有童心的人啊！您自己玩的话，这边还有很多适合成年人玩的玩具，您要选购一下吗？"在顾客选到自己想要的商品后，适当地夸赞顾客并且给出中立的建议。这样，不会得罪顾客的同时也推荐了其他的商品。

▷ 实战锦囊

如果导购员说话信息量太大，内容太多，顾客一定不愿意听。当导购员意识到聆听顾客的好处时，就已经掌握了得到顾客好感的秘诀。在销售中，多聆听、多观察对导购员只有好处没有坏处。顾客因为导购员的细心，增加好感，导购员也因为顾客提供的信息转而引导顾客消费。

（1）观察顾客的细节

每个人的微表情都会传达巨大的信息量，经验丰富的导购员在观察顾客的表情时，就已经掌握对方的情绪和细微的想法。看出对方对商品感兴趣的时候，导购员先发制人，把自己的商品推荐给顾客，让顾客充分了解到商品的好处，增加购买欲望。

（2）**聆听顾客需要用有效的问题来引导**

顾客能够主动与导购员说话，大部分都有导购员自己的功劳。导购员越能提出精确合适的问题，与顾客交谈的时间就会越久。巧妙的提问方式，会让顾客与初次见面的导购员畅所欲言。导购员要多从顾客的需求方向着重发问，以开放性的问题为主。发散思维的问题能让顾客更自由地表达自己，交流的时间越充分，成交的概率也就越大。

（3）顾客跑题时适当阻止

除了要认真倾听顾客的需求外，导购员也不能任由顾客一直说下去。在关键的时候，导购员需要引导顾客，将话题转移到商品上来。当顾客要导购员说明自己的观点时，导购员需要保持中性立场。

（4）禁止插话

如果顾客正说得滔滔不绝时，导购员插话或者打断顾客的话都是不礼貌的行为。认真倾听才是对顾客的尊重。经常打断顾客的话，不仔细听顾客的要求，不会对导购员的工作有任何帮助，顾客也不喜欢这样没有礼貌的导购员。

（5）注意倾听时的眼神交流

顾客说话时，导购员不仅要用耳朵去听，也要懂得用眼神与顾客互动。眼神要关注到顾客，表示在很认真地倾听顾客的话，顾客感到被导购员尊重。同时通过与顾客的眼神交流，我们也能知道顾客的表情变化，注意他们的语气、语调的变化，以便导购员了解顾客的心理，促进成交。

导购员要了解推销商品要适中，不过多说无用的话，尽量让顾客多说话。并且在顾客说话时记下关键的要点，适当地引导话题，在倾听顾客中获得更多关于顾客的信息。

旁敲侧击，从侧面了解顾客的喜好和需要

导购员向顾客不断地提出问题，目的是想发现顾客的真正需求，但是注重隐私的顾客一般不太愿意多透露自己的事情。机械的问答也会让顾客对导购员产生恐惧心理，没有了轻松购物的感觉。

这时候，导购员不妨换一个巧妙的招式，比如同顾客谈一些轻松，并且看起来不重要的话题。比如家长里短、生活细节等，顾客在聊天过程中不自觉地表达出自己的喜好和需求。导购员根据这些信息，推荐合适顾客的商品。

一位顾客看着货架上的两款护肤品，翻来覆去地看着说明书，很久没有离开。

导购员走过来："女士，您中意这两款护肤品是吗？"

顾客："我先看看再说。"

导购员："您是自己用还是送人的？"

顾客："我自己用。"

导购员："您多大年龄？"

顾客："28岁。怎么了？"

导购员："您是什么肤质？"

顾客："……"

在这种情况下，导购员问出"您是自己用还是送人的？""您多大年龄？""您是什么肤质？"这样一连串的问题，完全是错误的举动。顾客表达出想选购的意愿，可导购员一直问来问去，这样只会增加顾客的戒备和反感心理。导致顾客无法安静地选择，大部分顾客的最后反应是一走了之。

正确的说法是："女士，您看的这两款商品真的很适合最近干燥的天气使用呢！莫非您是干性肤质？"先说一句夸赞顾客的话，再旁敲侧击地问出顾客的购买需求。"不知道您在挑选护肤品时是不是更看重功效呢？我们品牌很看重顾客想要什么！"假装在调查顾客群体，实际问出顾客的真实需求。"一些老顾客很喜欢搭配我们家的美容仪来辅助护肤品，不知道您习惯怎么护肤？"利用老顾客的消费故事侧面问出顾客的习惯，顺便推荐了另一款商品。

▷ 实战锦囊

导购员有很多方式可以问出顾客的需求，正确的方法才能在潜移默化中影响顾客，让顾客把自己真正的需求在不经意间说出来。

（1）侧面刺激顾客的提问方式

导购员应该都经历过这样一种尴尬的场面。向顾客提出问题后，顾客不理睬你，拒绝回答你的问题。我们用侧面刺激顾客的提问方式不仅可以在推销中化解这一尴尬，还能促进导购员详细讲解商品的内容，下面的举例可供参考。

导购员："您以前使用过这款护肤品吗？还是身边的朋友推荐的？"

顾客："看见网络上的推荐，据说很好用？"

导购员："那您是从哪个网站看见的？还是哪个美妆博主？"

顾客："就是那个最近很火的博主啊，你知道吧！"

导购员："您也想试一试吧！那位博主用这款护肤品之后皮肤真的

很好呢！您更喜欢哪一款，我来给您介绍一下成分吧！"

（2）不经意地提生活问题

有一些看似不经意的问题，实际上已经问出顾客的生活习惯、周围的环境等。导购员根据这些没有任何关联的闲聊，找到话题突破口，了解顾客的兴趣。

导购员："现在空气真的很干燥，您觉得呢？"

顾客："是啊，最近一直用加湿器给房间加湿。"

导购员："是啊，房间可以用加湿器，但是皮肤还是要用护肤品才行。"

（3）避免说出让顾客反感的话

导购员需要注意的是在提出问题时，要避免说出让顾客反感的话。

在选购商品时，大部分的顾客都不会把一件商品了解得特别透彻。专业的导购员在与顾客交流时不要说太生僻的话，让顾客能听懂才是最重要的。

导购员旁敲侧击地问顾客的话时，记得克制自己的情绪和语气，不要呈现出审问犯人的感觉。要记得用轻松自然的聊天方式沟通。导购员已经问过的问题，就不要反复再去问。顾客不想回答就不要强迫对方。

与顾客谈天时，顾客肯定没有专业的导购员知道得多。所以，顾客说错话时，不要立刻纠正对方。面子薄的顾客或许因为尴尬想立刻走掉，导购员利用侧面的方式去提问解说，不要过于偏向一方，以免因为话题内容和顾客发生争执。

导购员要注意观察，当顾客遇到感兴趣的问题会回应很多话，表情更加丰富。导购员需要注意这方面的微表情，在顾客喜欢的话题上多停留片刻。

顾客不喜欢对方很严肃专业的提出问题，我们就用聊天的方式从侧面了解对方。聊天既可以让双方都放松，促进双方的感情，也可以在交流中获得顾客的信息，以便帮助顾客选购更适合自己的商品。

男女顾客消费心理的差异

男女消费理念有很多差异，导购员要注意两者消费心理的差异。在话术中改变应对策略，获得对方的好感。很多时候男顾客与女顾客互相都看不懂对方，男方认为女方浪费，女方认为男方不懂享受购物的乐趣。导购员要理解两方的心理，顾客也许会因为顺心的服务而选择购买商品。

一位男顾客走到一家服装店，这时候导购员向他走来。
导购员："您好先生，您今天的气色很好。"
男顾客："是吗？"
导购员："您是怎么保养皮肤的？看起来真的不错。"
男顾客笑了笑离开了店铺，这时候进来一位女顾客。
导购员："您好，女士。您想选购什么商品？"
女顾客："我想买一件外套。"
导购员："您看看这件外套，是这个月的销量冠军。"
女顾客："买的人那么多，不是很容易撞衫吗？"

"您好先生，您今天的气色很好。""您是怎么保养皮肤，看起来真的不错。"对于男顾客来说，这些夸奖的话是一种不正常的交流方式。一般男顾客喜欢导购员与他们交流商品在行业中的排名、本公司

02 明确顾客的真正需要：多倾听巧妙问

在市场的地位，有什么样的业绩，等等。而不喜欢与导购员聊个人护理等问题。

导购员在与男顾客闲聊时，需要着重讲一些社会新闻、军事新闻等。聊天的人物也多是体育、政治、经济等方面的明星。导购员要多与女顾客聊气色和谈皮肤保养，这样因人而异的效果才会更好。

导购员正确的话术是："您关注过我们品牌的影响力吗？""您好，先生。我们品牌在亚洲地区的销量数一数二。"这种回应方式既向顾客提出了他们感兴趣的问题，又向顾客表明本商品在市场上的地位，以引起男顾客的重视。

"您看看这件外套，是这个月的销量冠军。"对女顾客说出这句话也是不对的。大多数女顾客更注重商品的样式是否独特，与别人的穿着是否不同，自己能不能在群体中突出。导购员应该从商品的款式和质量来着重讲解。

正确的话术是："您看看这款外套，是今年的新款，百搭好穿，特别显腿长。"向女顾客着重讲解商品穿在身上的感受，相比之下女顾客会更青睐这样的导购员。

▷ 实战锦囊

顾客消费理念的不同，导致他们在选购商品时会有很大的差异。导购员要找到男女顾客之间的差异，在这些差异中获得更多了解顾客的信息。下面我们来分析在购买商品时男女顾客详细的差别。

（1）男顾客和女顾客消费理念的区别

在消费上，男性顾客的消费态度明确，知道自己想购买什么。大部分男顾客会直奔主题，直接购买，懂得控制自己的冲动消费，在购买商品上比较理性。

部分男顾客的消费动机是物质缺乏，才会有购买商品的行动。比如：实在没有衣服穿才会去买衣服，发现没有日用品才会买新的补上。少数男顾客会选择主动购买商品，这种情况多出现在较注重自己穿着打扮或者关心生活质量的男顾客身上。

在购物中，男性顾客多喜欢速战速决，选到心仪的商品会立马买下来。讨厌逛太久的街，不愿货比三家，有些男顾客喜欢一次性买很多商品，之后会有很长时间不去购物。

但是大部分女顾客很享受逛街，买一件商品喜欢货比三家，认真挑选。同时许多女顾客有喜欢囤货的癖好，发现有打折促销的活动就忍不住买一份，即使家里还有很多没有使用的该商品。

女性购买商品还会受环境的影响。比如：朋友的推荐、来自家庭生活的压力、攀比心态，等等。在购物中，部分女顾客很喜欢与导购员交涉，并且把价格砍到最低，并以此为乐趣。

（2）男女顾客在沟通中的区别

男顾客在与导购员沟通时，更注重面子问题。导购员多赞扬顾客的优点，给足顾客精神上的成就感，男顾客会更喜欢在这里购物。

女顾客更喜欢在沟通中建立和睦友好的关系，导购员要表达出亲切平易近人的态度，与女顾客交流时，女顾客更愿意把自己的需求告知对方。

（3）男女顾客在交谈中有冲突的回应

男顾客多以直截了当的表达方式回应导购员，他们喜欢在言语中表达出自己的地位、权力和独立的人格，喜欢从实际问题出发，尽快解决根本问题。

女性顾客遇到冲突时不会直接讲出来，喜欢用动作表情等暗示来让对方理解。女性处理问题时比较注重情感的表达，这时候导购员要多去认同对方观点，给对方一种信任感和帮助感。

02 明确顾客的真正需要：多倾听巧妙问

根据不同顾客的购买习惯和需求，导购员要制定相应的销售方案，以获得更多顾客的认同。

需要导购员注意的是：虽然男女顾客大致的区别是上述几点，但也不能把所有的男女顾客都按照以上的标准来对待，要酌情处理，多去观察个体顾客的喜好。

不同类型的顾客，用不同的提问方式

导购员要根据不同类型的顾客分析他们的需要，并且根据他们的年龄、身份、性格来选择性地提出问题。针对不同的顾客来挖掘他们更深层次的需求，给顾客一个能尽情表达的机会。

周末，商场做活动，一家数码专卖店迎来大批顾客。

导购员对每一个进来的顾客推销商品。

导购员对着一位中年男士说道："先生，这款是新出的拍立得相机，款式新颖，非常适合年轻人使用。您有兴趣看一看吗？"

顾客："小孩玩的，我不太适合。"

这时候走来一位阿姨，导购员："女士，看一看我们的手表吗？运动手表很适合去做户外运动的朋友使用，防水防震，户外探险最适合了。"

顾客："谢谢。我不太需要。"

导购员又对一位年轻的顾客推荐："女士，看看我们最新款的懒人手机吗？使用方便功能少。"

顾客："我用不到。"

导购员在忙碌时难免会出现把不同类型顾客弄混淆的情况。给顾客推荐不适合的商品，不能根据顾客的需要来推荐商品，即使有再多的流量也是没用的。

02　明确顾客的真正需要：多倾听巧妙问

"先生，这款是新出的拍立得相机，款式新颖，非常适合年轻人使用。您有兴趣看一看吗？"这句话明显不适合对一位中年顾客说。

正确的话术是："您好，先生，您要购买拍立得吗？这款相机操作简单，方便携带，很适合摄影新手使用。"

"女士，看一看我们的手表吗？运动手表很适合去做户外运动的朋友使用。防水防震，户外探险最适合了。"用这句话来向阿姨年纪的顾客推销也是不正确的，顾客并没有说自己是不是户外爱好者，就直接推荐，很容易遭遇顾客的拒绝。

正确的话术是："您好，女士。看看我们的手表吗？款式新颖，防水防震，日常佩戴也很方便。"

"女士，看看我们最新款的懒人手机吗？使用方便功能少。"这句话，对一个年轻的顾客来说也是不正确的，年轻人都追求数码商品的功能越多越好。除非顾客有特殊的要求，不然就是导购员在盲目推荐。

正确的话术是："女士，看看这款懒人手机吗？超长待机48天，使用很方便。"

▷ 实战锦囊

面对众多顾客，导购员不要急急忙忙地推销，急于求成的结果有可能会降低成交概率。导购员要了解顾客的需求，在了解他是什么类型的顾客后，寻找能攻破对方的话术，这才是关键性问题。

（1）闲逛的顾客

这类顾客的成交率很低，属于没有目的并且谨慎选择的顾客。这类顾客的特征是走走逛逛并且心不在焉。导购员遇见这样的顾客应该做到不急不躁，不强迫，不给顾客负担，利用提问来让顾客思考。比如商品的价值，购买后的好处，等等。

(2) 急躁的顾客

这类顾客一般目的明确，或者会因选择困难而产生焦虑。这时候导购员要适当安抚顾客，提出问题时不说多余的废话，态度和蔼，行动迅速，给顾客一种麻利的感觉。让顾客感受到快捷服务，以此缓解顾客的急躁心情。

(3) 不说话的顾客和话多的顾客

有的顾客一句话也不说，其原因有很多。有可能是内向型人格；有可能是在思考购买方案；也有可能是抗拒与导购员交流。导购员在面对这样的顾客时，要做到态度温和，与对方沟通要平易近人。导购员多提出需求方面的问题，注意观察顾客的微表情、微动作，感受对方对什么商品感兴趣，再根据商品提出问题，借此引导顾客说话。

相反，话多的顾客就需要导购员少说话，多聆听对方的需求，并且对他们提出的问题进行解答。

(4) 疑心重的顾客

这类顾客需要导购员更加耐心地讲解，导购员需要用专业又具体的解答来回应顾客。导购员问出的问题也要更贴合实际，多讨论能让顾客安心的问题。

(5) 犹豫不决的顾客

导购员对这类顾客提出问题后，顾客会说："我不知道""让我再想想"。最后只能导致顾客与导购员交流的时间越来越长。导购员遇见这样的顾客时，应该用果断的语气说出令人更加信服的话，打消顾客的疑虑，暗示顾客做出的选择是正确的。

上面的顾客分类说明，在工作中，导购员会遇到各种性格不同的顾客。导购员要学会在推销前分析顾客的兴趣和需求，谨记不要给一位顾客推荐他明显不会购买的商品。这样不仅浪费时间，也浪费自己的精力。

找准恰当的时机向顾客提问

有些导购员会奇怪，明明自己很主动地询问顾客的需要，但是顾客却根本不理睬自己。其中的原因是导购员没有在恰当的时机与顾客交流，时机不准确的话，顾客会因为导购员不懂得进退而反感，可见找准提问时机是多么重要。

一家购物商场的一层化妆品专柜进来两个顾客，一位顾客拿起旁边的一款试用装对同伴说："你看，之前朋友推荐的口红颜色就是这一款。"

同伴说："是吗，你试用一下，看看好不好用！"

这时候，已经旁听两个人对话很久的导购员走上前。

"想要这款口红吗？这是今年的大热色，特别显皮肤白。"

两位顾客抬起头看向导购员，一脸被导购员打断的烦闷。

"想要这款口红吗？这是今年的大热色，特别显皮肤白。"注意，当导购员问出这句话的时候，两位顾客还没有结束交谈，而导购员突然打断双方交谈的行为，会让顾客感到反感。导购员以为只要及时向对方推荐商品就是在争取时机，但其实这样的观点是错误的。

正确的做法是：在导购员看见顾客犹豫不决，开始挑选其他款式的时候，走上前来，先询问"您好，请问需要帮忙吗？"

看见顾客打算离开商店时，叫住对方说："您好，请问您是想要这款口红吗？"

双方在讨论一阵子后还没有拿定主意，开始左顾右盼的时候。其实是顾客在寻找导购员帮忙。这时，导购员就可以走上前来说："这款口红很适合亚洲肤色使用，不仅颜色好看而且还很滋润，您试一下颜色！两位都要购买一份吗？"

▶ **实战锦囊**

以上的案例让导购员们知道提问的时机是有讲究的，过早的提问会让顾客反感，过晚的提问又会错失良机。那么，我们向顾客提出问题时如何寻找适合的时间点，获得对方的好感呢？

（1）等待顾客的交流

当顾客是结伴同行的时候，导购员不能打断顾客与朋友之间的交流。应该静心等待两个人交流结束，再去接待顾客，这才是最好的做法。当看见两个顾客在热火朝天地谈论一件事情，导购员就不要凑热闹接近顾客，只要远远地看着就好。导购员需要记住顾客的言论，等到顾客开始左顾右盼寻找导购员的时候，导购员再接待顾客，并且根据自己听到的交谈内容帮助顾客寻找商品，提出开放性问题，达成交易。

（2）紧盯顾客的一举一动，抓住第一时间

导购员没有掌握询问顾客的最佳时机，就去紧盯对方的举动。在顾客购物过程中，观察对方的举动，及时发现对方在什么时候需要导购的帮助。比如：顾客在左顾右盼；顾客很长时间地紧盯一件商品；顾客和同伴一直谈论同一件商品。看到这几种情况的时候，再去向顾客提问："您好，需要帮助吗？""您好，您看中了这件商品吗？"外向的顾客会直接说出自己的购物需求，有些内敛的顾客会提出自己随便

02 明确顾客的真正需要：多倾听巧妙问

看一下。此时的导购员要懂得知难而退，不过分强求对方回答自己的问题，继续保持距离，安静观察，等待下一次机会。

（3）顾客很中意一件商品却选择离开

导购员在观察顾客时，会发现很多顾客翻看一件商品很长时间，最后却选择离开店铺。这时顾客是在内心思考着买还是不买，适不适合自己。当然，大多数顾客没能百分百果断地选择放弃商品离开店铺。在顾客即将离开时导购员叫住对方，抓住机会拿出手里的商品向顾客推荐。比如："女士，您要看看这件衣服吗？颜色很适合这个季节呢。""先生，您还需要购买一份吗？买一份送一份"。

顾客受到导购员提问的吸引，就会返回商店。当然，如果不想购买商品的顾客就不会再理睬导购员，而选择返回商店的顾客会有很大的概率购买商品。

在寻找机会向顾客提问时，导购员需要观察顾客的一举一动，避免发生不必要的冲突。在顾客想要寻求帮助时，主动上前招待顾客。还有一个小技巧可以使用，就是导购员要抓住即将离店的顾客，给顾客推荐优惠的活动，借此引导顾客重新激起购买的意向，或者选择再次购买。

利用人人都有的"从众"心理

有这样一个测试，测试者排起队伍做一个选择题。令人惊讶的是当第一个测试者选出他认为正确的答案后，之后的几个测试者均受前者的影响，选择那个答案。

在顾客的购物中，这种从众心理也能看出端倪。比如：当一位正在逛街的顾客看见一家店铺排满了人，这位顾客的好奇心肯定会作祟，想去看看发生了什么，这就造成了店家排队的队伍越来越长，购买的人越来越多。

导购员也可以根据这种从众心理，抓紧来往的顾客和一直没有成交的顾客。

一位顾客走进了一家甜品店，看着甜品单犹豫了很久。

导购员："您好，所有甜品都是今天新做的，您可以任意选择。"

顾客："是吗？那我先看一看。"

导购员："您优选果汁，我先给您榨着。"

顾客："你等一下，我还没有选好。"

想要推销出更多的东西，利用从众心理是很实用的方法。而错误的做法是催促顾客快点下单，向顾客说一些不能吸引他们来购买商品的话术。比如："您好，所有的甜品都是今天新做的，您可以任意选

02　明确顾客的真正需要：多倾听巧妙问

择。"这样的话术，把顾客的选择余地又扩大了许多，本来犹豫不决的顾客更不知道购买哪个了。

正确的话术是："今天的榴莲芝士已经卖出了 200 份"。如果明显看出顾客犹豫不决，导购员就利用顾客的从众心理帮助顾客做决定，这种方法能让顾客在众多的选择中减少犹豫的时间。

"您优选果汁，我先给您榨着"。当一个还在犹豫中的顾客听到这些话时会更加着急，导致手忙脚乱。

正确的话术是："珍珠西米露只剩下十杯的量了，它是今天最受欢迎的商品"。说出商品的销量，向顾客证明商品的确很受欢迎，那么顾客就会好奇它到底有多美味而选择购买。

▶ 实战锦囊

导购员在销售时掌握好从众心理效应，可以从中获得更多的顾客。接下来，分享几种能让顾客产生从众心理的话术。

（1）大声说出顾客购买的商品

这种方式简单有效，还能活跃店内的气氛。比如有一位顾客购买了一份葡萄果汁，导购员就大声说出："葡萄果汁一份。""请拿好您的葡萄汁。"其他导购员也要配合，一边提高自己的行动力，快速地制作出来，一边说："这边葡萄汁一份。"这样的营销手段能让其他的顾客听到前面一位顾客购买了什么，给自己购买留下参考。有些第一次购买的顾客会以为这款果汁很好喝，因从众心理作祟而购买相同的饮品。

（2）向顾客传递店铺商品的销量

值得注意的是，在顾客还没有打算来这家店购买什么商品的时候，导购员在话语中适当给顾客传递店铺的月销量、商店的热门商品销量指数，顾客会因为热门而选择尝试这个商品。一些品牌集合的商店经常会出这样一个专栏，每周销量前十的商品摆放在柜台最显眼的地方，从众心理会令部分顾客的关注点到这上面来。当一位顾客对商品很感兴趣时，导购员可以再加一句话，比如："这是我们店里卖得最好的商品。""这款商品今天已经卖出150份。""这是许多老顾客都会回购的商品"。

（3）给顾客一种商品很稀缺的感觉

导购员向顾客传递商品没剩下多少的暗示，顾客会认为这件商品购买的人非常多，一定是因为商品本身质量比较好。比如导购员可以说："这是今天的最后一份了，先到先得。""这款商品限量发售2000套，已经有1000多名顾客预定本商品。""今天排队限时购买会在下午五点结束。"等，顾客看到购买的人数非常多，商品的数量也有限，根据从众心理，会选择购买试试。

（4）让顾客感受到店内的人气很旺

商店隔几天要搞一次活动是必不可少的。除了以上几种方式，还要让导购员在接待顾客时，音量尽量放大，大声说出商品和顾客想要购买的物品，附近的导购员也跟着附和。导购员要常在商店走动，摆弄货物，擦地板等，假装很忙碌的样子。从视觉和听觉上，让顾客觉得这家店生意很兴隆，消费人群很多，好奇心强的顾客会选择进店看一看。

（5）利用人多的时间段，抓紧机会吸引更多的顾客

商店总有购物高峰期和冷却期，导购员利用购物高峰期去店外宣传商店活动，大声向门口的顾客宣传店内的活动。比如"全场打折，最后一天。"顾客看见商店里这么多客人，从众心理会让一部分人选择进去看看。

顾客在不了解一件事物时，会参考别人的举动做出自己的选择。根据顾客的消费心理，改变自己的话术，吸引更多的顾客购买是导购员必不可少的营销技巧。

导购应该多问开放式问题还是封闭式问题

在向顾客提问的时候，导购员可以从开放式到封闭式逐一进行提问。开放式的提问范围较大，问题的内容较广泛，顾客可以根据开放的题目自由地表达自己。优秀的开放式问题能让顾客感到导购员平易近人，顾客可以轻松而没有限制地回答对方问题，双方在轻松的交流下拉近距离，方便导购员日后的推销。

封闭式问题则刚好相反，它的范围较小，答案多有限制性。导购员帮助顾客指定选择范围，能够加快顾客快速决定购买的物品。正确的提问顺序能让顾客在不知不觉中接受导购员的引导。

一位顾客走进了一家商店，导购员："欢迎光临。"

顾客点点头，去观察附近的商品。

他在一件商品面前停留了很久。

导购员："您要购买吗？"

顾客："我先看看。"

导购员："不知道您是否满意我们的商品？"

顾客笑道："很好。"

顾客之后再没说过话，在商店里转了两圈后就走出了商店。

"您要购买吗？"在顾客还未做出购买的决定时，导购员的第一句话就问顾客是否决定购买，顾客会认为这是导购员在给自己施压，反而不容易下决心购买。

正确的话术方式是："您好，先生。您想购买哪一种？是自己用还是送给别人？"

当然，有时候也要注意封闭式问题的弊端。封闭式问题过于直接，一般只用"是"或"否"来回答，这样就不能从顾客口中获得更多的信息。

正确的话术是："您之前用过我们家的商品吗？您对我们的商品有什么看法或者见解都可以说出来！"利用开放式的问题吸引顾客自己讲出对商品的认知和需求。

▷ 实战锦囊

从上面的案例我们知道，开放式问题和封闭式问题都需要适当使用。在顾客还没有熟悉导购员时，多用开放式问题提问是一个很好的切入点。那么，对于经验丰富的导购员来说，他们需要具备的技能是在任何场合都要合理运用两种提问方法。

（1）学习经验，做好准备

导购员不能直接去问顾客问题，更加稳妥的做法是在顾客还没有来之前准备好需要问出的问题，并且把握好时机。在准备问题的时候，内容要包括提出问题的目的、内容、方式和合理的时机。

导购员充分准备好这些问题，等到顾客到来后，我们就能向顾客顺利地提问，不至于手忙脚乱。

（2）关于开放式问题的具体内容

"开放"顾名思义就是展开聊，这样的问题常会伴随着"什么？""怎么样？""你觉得？""你认为？"等问句形式。例如"你对这次活动的内容有什么看法吗？""你认为什么样的商品才是最适合这

02 明确顾客的真正需要：多倾听巧妙问

个年龄阶段"。

导购员在问出这些问题的时候，需要注意的是当顾客没有和导购员很熟悉的时候，顾客会用很直接的语气来回绝他们。比如"你没有必要知道。""我不想告诉你。"所以，在问出开放式问题前一定要先与顾客建立起友好的关系。

另外，导购员不要一上来就问顾客较私密的开放式问题。比如"您家里的经济状况怎么样呢？""您一个人在家喜欢怎么用呢？"被不太熟悉的人问起这些问题，任谁都会比较尴尬，更何况被一个陌生的导购员问起。

（3）关于封闭式问题的具体内容

封闭问题使用起来更加简单，这类问题让顾客回答起来单一、简单、明确。适合收集准确的信息，其中常用的词汇是"可不可以？""是不是？""对吗？""是什么还是什么？""多少？"等。例如"您觉得我说的对吗？""您是要一套餐还是二套餐？""可不可以把您的信息放在我们的系统里"。

需要注意的是，封闭式问题的回应范围较窄。虽然操作起来容易，顾客也很容易加入进来。但是如果遭到顾客拒绝，说明导购员没有激发起顾客的好奇心。那么，导购员就浪费了这次机会，顾客会很果断地离开这里。

导购员尝试寻找一种让顾客无法拒绝的封闭式问题。比如"我可以问您一个问题吗？"这句话，能激发顾客的好奇心，遭到顾客拒绝的概率也很低。

"请问您要蓝色的还是红色的？"说出这句话，顾客会不自觉地告诉你自己想要哪一件，但实际上顾客完全可以拒绝对方。只因为导购员问出了这个问题，顾客就下意识地回答出来，这就是封闭式问题的魔力。

在销售中，开放式和封闭式问题都有各自的作用，这两个问题可以相辅相成，互相交错着运用。要注意在交谈中掌握好分寸，不要让顾客觉得自己的隐私受到导购员的窥探。当导购员提出问题时，顾客能用接纳的态度来回应导购员的问题，这样提出问题才是一个好的寻求顾客信息的方式。

03

完美地向顾客介绍商品：会介绍入人心

顾客询问商品质地该如何说明

有些顾客喜欢询问商品的质地，当然一些刚刚接手工作的导购员可能不知道商品是由什么制作而成的，也无法给出专业的说明。这时，导购员就需要一个完美的应答方式，来缓解自己不清楚答案的尴尬气氛。而经验丰富的导购员直接向顾客说明商品的质地就可以了。

顾客："你好，这个钱包是什么材质做成的？"
导购员："好像是牛皮。"
顾客："是吗？"
顾客又走到另一个柜台翻看。
"那这个呢？"
导购员："吊牌上有。"
说完翻起被钱包压着的吊牌。

"好像是牛皮。"这句回应明显错误。用疑惑不定的语气回应顾客，顾客会认为这样的导购员不靠谱。所以，不知道的东西不要瞎说，导购员要讲究诚信。

正确的回答是："纯牛皮质地，您可以拿手里感受一下。"说完拿起商品递给顾客。

"吊牌上有。"这句话就更加生硬了。当顾客第二次询问时，导购员说出这句话,顾客会认为导购员完全没有耐心。

正确的回答是:"您好,我也不太清楚,可以帮您看看上面的吊牌。"说完拿起吊牌,向顾客念起来。

▷ 实战锦囊

当顾客问商品的质地,而导购员又刚好不知道的时候,我们可以这么做。

(1)向顾客坦诚自己不知道

对一件事情不清楚、不明白而随便乱说,是不负责任的表现,导购员需要注意这一点。当顾客戳破导购员的漏洞时,他对导购员的信任就会直线下降,顾客会选择远离这样的导购员。经验不足的导购员可以说:"您提出的问题专业性太强,我还从未了解过,要不您留个电话,等我向上级询问更详细的情况,再和您探讨一下。"这样的回答,大部分的顾客听后,一般会接受导购员的解释。

(2)和顾客一起探讨问题

即使导购员不知道商品的质地,也可以与顾客一起探讨质地的问题。这种办法能加深双方的交流,更能让导购员知道顾客最想要的是什么。这类顾客通常是真不知道商品的质地,而真切的询问。导购员应及时询问能否帮助到顾客,如果顾客明确拒绝导购员的帮助,就不要再打扰顾客了,以免留下不好的印象。

(3)顾客本身知道商品的质地而试探导购员

这种情况下,导购员应该让顾客完全发挥自己的长处。让顾客来说商品的质地,并且认真倾听。在顾客讲述后,导购员要适度夸奖顾客的知识层面和专业性。比如导购员可以说:"您在这方面的知识面真厉害。""从您的讲述中就知道您平时应该是个很厉害的人。"

顾客听到导购员的夸奖,也就忽略了导购员不知道商品质地的事

03 完美地向顾客介绍商品：会介绍入人心

情，一心想着再炫耀自己的知识面宽广。这时候，导购员趁机推荐商品给顾客。比如："您了解那么多，一定发现我们商品质量好吧"。

（4）当顾客询问的问题超出自己了解范围时

有些顾客好奇心比较强。他们会问这个商品的制作方案，从哪个厂商进的货，原材料是如何运过来的，制作成本是多少等。面对这种问题，导购员虽然无法回答，但也不要直接拒绝。

导购员需要委婉地向对方说明情况"制作材料有很多种，不知道您说的是哪一种？当然商品的质量是合格的，有国家安全质量保证，请您放心。"

一些不常见的问题，导购员在不知道、不了解的情况下，不要说大话，要实事求是地告知顾客，大部分的顾客还是会理解导购员的。当然导购员在工作中也要多学习，多了解商品的所有知识，避免顾客下次提出问题时出现卡顿。坦率地回应顾客的同时，私下认真研究了解商品，导购员了解得越多，在销售中才越有底气。

顾客问衣服会不会缩水、褪色，该如何回答

顾客在选购商品时，会咨询导购员一些细节问题。最常见的问题是询问衣服的质量，大部分顾客会担心衣服过水后会缩水、褪色。而导购员的回应是顾客决定购买商品的关键一步。正确的回应会促进顾客购买；错误的回应会让顾客选择放弃在本店购买商品，转战他家。

顾客："这件红毛衣过水之后会不会缩水、褪色啊？"

导购员："您放心，这是纯棉材质，洗过之后和新买的一样。"

顾客："是吗？"

导购员："那当然，我家销售的衣服绝对有质量保证，只要您穿时注意点就不会有大问题。"

"您放心，这是纯棉材质，洗过之后和新买的一样。"这是一句错误的回答，话说得太满不仅容易引起顾客怀疑，在后面的售后服务中也会引起不必要的麻烦。

正确的回应方式是："质量上面您放心，我们家的品牌都是符合国家质量标准的，您想购买这件吗？要不要试穿一下？"当顾客问出这种问题时，导购员可以避重就轻地说出商品的优势，并且提出试衣、购买等问题，转移顾客的注意力。

"那当然，我家的衣服绝对有质量保证，只要您穿时注意点就不

会有大问题。"这句回答给顾客一种说话没有底气的感觉，只要穿时注意点，无形中给顾客增加了一份压力，顾客会想："我买一件毛衣，还要随时注意它会不会坏掉"。

正确的回应是：当顾客第二次询问"是吗？"时，导购员要直接回应对方，"我们家的衣服都有严格的制作工序，您担心的缩水和褪色问题，洗涤后的细微差别我们是完全感受不到的，不知道您想在什么场合穿？"

> **实战锦囊**

在顾客提出这些问题时，导购员需要巧妙地解答顾客的疑问。在排除疑问的同时，不要过分夸大商品的价值，以免增添顾客的疑虑。导购员应当给顾客增添购买信心，这份购买信心就需要导购员利用以下几点来建立。

（1）回复顾客疑虑时，不忘认同顾客的观点并赞美对方

顾客提出疑虑，导购员第一时间要认同对方的说法，比如："您想到的问题我们也想到了，所以我们商品特意为……"认同顾客的同时进一步塑造商品的价值，让顾客对商品增加信心。与此同时，导购员不要忘记赞美顾客细心，并且称赞他们的品位。"您考虑得很周全，这款毛衣很适合您穿，您现在看起来皮肤特别白皙……"一些顾客会因为导购员的赞美而忘记自己担心的问题。

（2）不要轻易给顾客承诺

轻易承诺是不负责任的表现，导购员轻易地说出"一定可以""我打保证"等话会让顾客认为导购员不靠谱，导购员应该给顾客建立购买信心而不是轻易承诺。导购员应该利用自身的专业知识向顾客讲解商品，利用事实和明确的证据让顾客信服，给对方树立信心，让顾客感到导购员阐述的事情靠谱，没有夸大事实。

（3）不利的问题学会弱化

一些顾客喜欢刁难导购员，问出一堆不利于推销的问题。这时，导购员不要正面解答这些问题，要适当转移顾客的注意力，将话题引到顾客自身。比如"这件衣服样式是否满意？""有没有要搭配的衣服？""您还需要其他商品吗？"等。

（4）利用顾客的疑问进行介绍

销售时要让顾客完全了解商品，才能让顾客对商品更加信赖。导购员在顾客提出疑问时，顺便介绍商品的制作工艺，服装师的创作历程等，会让顾客更加了解商品，加深对商品的好感。与此同时，当顾客购买商品后，导购员要提醒顾客洗涤中的注意事项，最好告诉顾客简单的保养办法。顾客既能了解后续保养步骤，又能增加对导购员的好感。

导购员遇到顾客提出的疑难问题，要避免正面回击，利用迂回方式让顾客接受或忽略商品的缺点，赞美与认同顾客的观点是首要的回应策略。当顾客对商品的担心松懈时，用负责任的态度帮助顾客建立购买信心，避免讲出商品的缺点。在交易完成后，贴心告知对方商品保养的方法，告诉顾客注意事项。大部分顾客在购买后都会认真听取导购员的意见。

强调自己家商品的优点，但别贬低别人的缺点

许多顾客喜欢货比三家，当顾客主动向导购员提出竞争对手的商品时。一个正确的回应能给顾客留下一个好印象，反之顾客就会排斥这家的商品，继续去别家挑选。导购员需要注意的是，即使自己内心对竞争对手有很多不满，也不能在顾客面前展露出来。在顾客面前直接说出对家的缺点，顾客也不会觉得你家的商品更好，不如用另一种方式赢得顾客的心。

一位顾客直接走到导购面前说："您好，我想看一下你家的吸尘器。"

导购员："好的，您看看这一款1400W大功率，配有多功能吸嘴，不管是地砖、毛毯、沙发、键盘都能吸得特别干净，而且这款特别设计了静电吸附科技的集尘桶，一键倒垃圾绝对不扬尘。"

顾客："我看朋友都买某牌子的吸尘器，你们这个牌子有那个好用吗？"

导购员："那个牌子也就是广告打得响亮，所以消费者都知道。其实要说质量和使用体验，根本无法与我们这款吸尘器相比。"

顾客："是这样啊！"

导购员："是啊，我们品牌走的是低调路线，您没看见那个牌子的吸尘器经常有顾客退货不成去投诉的？"

"那个牌子也就是广告打得响亮,所以消费者都知道。其实要说质量和使用体验,根本无法与我们这款吸尘器相比。"这句话,以打击其他品牌的商品来抬高自己品牌是不可取的营销方式。一位优秀的导购员需要做到,不说其他竞争对手的闲话,只要把自己的商品优势完整讲解出来即可。

正确的话术是:"先生,据我了解这两款品牌都很好,一定要去比较是不必要的,最好的不如适合自己的,您不妨试用一下我们的商品再做定论如何?"既抓住了夸奖自家商品的机会,又推荐顾客使用自己的商品,让顾客更加了解商品。

"是啊,我们品牌走的是低调路线,您没看见那个牌子的吸尘器经常有顾客退货不成去投诉的?"说竞争对手的坏话,会让顾客对导购员的信任感下降,因为顾客不知道自己走后是否会受到同样的待遇。

正确的话术是:"虽然那个品牌很受欢迎,但也不能否定我们品牌的质量,我们家一直走低调耐用的路线,购买后的顾客我们会一直定期联系,以保证最优质的服务质量。如果您感觉我们家的商品不好,您在购买后15天内可以免费退换货。"详细向顾客说明,自家售后服务的完善程度,给顾客吃一个"定心丸"。

▷ 实战锦囊

导购员要懂得避免与竞争对手发生冲突,我们要用另一种办法把新来的顾客吸引到自己的商品货架旁。导购员的方法有很多种,下面分享的几个方法可以轻松地避免贬低竞争对手,又能在看似没有优势的情况下获得顾客的信任。

(1)转移顾客的注意力

这是最直接的方式。导购员先认同顾客的说法:"您说得对,他家

03 完美地向顾客介绍商品：会介绍入人心

品牌确实销量很高。"然后仔细与顾客讲解自己的商品与竞争对手商品的区别，积极引导顾客去体验自家的商品，借此转移顾客的注意力。

（2）与竞争对手拉近关系

如果顾客很希望导购员分析其他家的商品，导购员就顺着顾客的意愿，导购员可以一边讲解竞争对手商品的细节，一边和顾客描述自己家商品也有相同的特点。比如："您看我们家的吸尘器处理垃圾的方式同他们家是一样的，都是一键除尘，桶内采用了静电吸附材质。"找到共同点让顾客认同自家的商品。如果没有共同点，导购员就着重介绍竞争对手没有的商品特点，让顾客感受到不一样的商品性能。

（3）随意转换"物美价廉"和"一分钱一分货"

当自己的商品比竞争对手的价格更加便宜时，我们就可以从"物美价廉"这点出发，向顾客进行推荐。比如："您看的这款吸尘器，同他家的王牌吸尘的吸尘处理方式是相同的，不过价格是那款的一半"。

当自己的商品比竞争对手的商品贵时，导购员可以从商品的质量出发，向顾客更深层次地推荐商品。

顾客："我看那家的吸尘器比你家这款便宜很多啊！"

导购员："您不能这样比较，不同款式的吸尘器，价格当然千差万别。"

顾客："那你们家的吸尘器有什么优势呢？"

导购员："这款贵就贵在集尘箱内采用了静电吸附模式，这种材质能让您倒垃圾时不会扬起灰尘，您想啊，好不容易打扫干净的房间，在倒吸尘器里的垃圾时又被污染了，不是白做了一遍家庭卫生吗？"

（4）积极引导顾客去试用

在向顾客讲解商品后，顾客因为导购员的对比对商品产生兴趣。导购员就要积极引导顾客去试用商品。"您尝试一下，感受一下。""您看我说的对不对。"以这样的方式引导顾客试用，顾客试用后果真和导购员之前描述的一模一样的话，顾客就会对导购员的话更加信任。

在遇到这种情况时，导购员多去询问顾客实际想要的商品。只有顾客觉得别家的商品不合心意时才会来询问另一家商品，所以我们在遇见这种问题时，说明顾客的购买意向已经偏移过来，这时导购员就要把顾客的需求和商品的优势结合在一起，让顾客认为我们的商品更加适合顾客的需求，从而成交。

用通俗易懂的语言介绍专业性的知识

顾客不可能同导购员一样知道每一件商品所用的专业术语，导购员记住这些专业名词固然重要，但不能在顾客面前卖弄。如果顾客听不懂导购员在说什么，导购员就是在浪费口舌和精力。经验丰富的导购员懂得如何把一串难懂的专业术语简单明了地传递给顾客，便于顾客快速明白商品的价值，从而，购买起来才能更加放心。

一位顾客走进一家数码商店。

顾客："您好，我想买一台微单，主要是旅游时拍照用。价格想控制在5000元以内。"

导购员："您看这款EOS M5配置全像素双核CMOS AF，拥有2500万像素的APS-C画幅图像传感器，并且有5轴防抖功能。"

顾客："听不太懂。"

"您看这款EOS M5配置全像素双核CMOS AF，拥有2500万像素的APS-C画幅图像传感器，并且有5轴防抖功能。"用这句话来应对顾客是错误的，顾客明确表示过自己的用途是旅游拍照使用，并不是经常使用。说明顾客对相机的了解程度较浅，这时导购员应该用更加通俗易懂的话术来回应顾客。

导购员正确的应答方式是："您好，您可以看看这款微单，价格在5000元左右，它可以每秒四张连续拍照，最多可持续连拍1000多张，非常适合抓拍。不仅如此，这款微单的取景器采用了光学技术，能够快速对焦，更加清晰的拍摄出您想要瞄准的物体。"

▷ 实战锦囊

优秀的导购员不仅要在专业领域上略知一二，而且在初次接触商品的顾客面前，可以用最通俗的话语把商品特点讲述出来。通俗又简练的商品解说能让更多的消费群体感受到商品的价值。

（1）通俗话语的根本就是要通俗

就像平常与别人聊天一样，多用简单易懂的句子来回应顾客。多用现代词汇、口语词汇，表述商品时多具体描述，在组织语言时也要多用普通词汇，并且要用普通话说出来。少用一些生僻词汇、书面表达、古代诗词、方言，介绍商品时不要过于学术化，形容商品时不要过于抽象。

（2）通俗又要有逻辑

导购员在讲解商品时既要通俗，也要在描述物品时有一定的逻辑性。不能东讲一下，西讲一下。这样即使再通俗的话语，顾客一样听不懂。

讲究逻辑的方法有：给商品介绍编排顺序。比如第一点怎样，第二点怎样；首先怎么样，其次怎么样。

还有就是讲一点商品的专业性能，下一句马上用通俗的语言再向顾客解释一遍，并且配合手头的演示工作。

（3）用精彩的故事来引导顾客关注商品

有时候我们会看见这样的导购员，他们喜欢给第一次来的顾客讲述商品的发明过程、制作过程。并且用最通俗易懂又生动有趣的语言讲述出来，顾客往往被导购员讲的故事所吸引，对商品产生了兴趣。

（4）通俗的语言下也不忘记生动形象的描绘

一些通俗又优美的描述能让一位本来没有购买意向的顾客选择购买商品。什么是生动形象的描述，就是能打动顾客的描述。这些描述多是赞美、优美的词语。比如：一些香水的名字既优美又概括了商品的核心价值，有些顾客看见这些名字就被立刻吸引。

导购员可以借鉴这一方法，在推销时，说出能让顾客产生想象的话，比如："您只要经常使用这款面霜就能让您的脸蛋越来越光滑。""这款面膜被许多顾客称作拯救熬夜的救星，只要连续敷三天，之前熬夜留下的暗沉、毛孔粗大就能改善很多。"

（5）积极推荐顾客试用商品

有经验的导购员都知道，导购员把商品描述得再的如何好都不如让顾客尝试一次来得管用。导购员需要控制自己描述商品的时间，尽量留出一部分时间让顾客试用商品，在话语中辅助推荐商品的优势。只有顾客真实使用过之后觉得好，才会真正对商品放心，并且选择购买。

越通俗易懂的事物越容易受人们的喜爱，导购员要做到自身实力更专业，待人接物更平易近人。以这样的方式来销售，顾客更能了解导购员所表达的内容，导购员也能在遇到困难时立刻想出解决的办法。

要把商品介绍到卖点上才让人动心

导购员知道，一般的顾客不会那么容易被说服，几句沟通的话语也不一定会让顾客去购买商品，适合的时机与适合的话术都是推销中必不可少的要素。在掌握这些方法后，优秀的导购员知道要找准商品的卖点，着重推荐给顾客，顾客认为的商品卖点才是能激起顾客消费热情的理由。

一位顾客走到家具专卖店，看着一台桌子。
导购员："您好，需要学习桌吗？"
顾客："是的，我正考虑给我家孩子买一个。"
导购员："您真来对了，我们这款学习桌就是设计给孩子们用的，您如果喜欢可以坐下来感受一下舒适度。"
顾客："不用了，我就是看看。"
导购员："好吧，那您再看看。"

"好吧，那您再看看。"这句话明显不会给顾客带来任何影响。这是一句没有"诱惑性"的回应，顾客感受不到商品的好处，这会流失一位有购买力的顾客。

正确的回应是："您不知道，这款学习桌最大的优势就是合理的看书角度，我们品牌在制作学习桌时特意聘请了专业的科研人员，不知

03 完美地向顾客介绍商品：会介绍入人心

道您家孩子现在多大年龄呢？""这款学习桌能够按情况调节看书角度和高度，适合 7 到 18 岁之间的学生，不知道您家孩子现在多大？"

▷ 实战锦囊

要想给顾客一个合理的购买理由，最重要的是导购员知道顾客想要什么。热爱健身的人会喜欢能完美塑形的商品；喜欢化妆的顾客想要能变美的商品。能留住顾客的商品一定是顾客觉得自己能用得到的，导购员必须给顾客一个合理的购买理由。通过一个诱人的卖点来吸引顾客，导购员可以从以下几点寻找顾客想要的卖点，挖掘顾客更深层次的消费动力。

（1）"洗脑"的营销文案

我们常在电视中看到那些"洗脑"的广告文案，大部分这类广告的特点就是简单明了，一句话概括全部，并且连续循环两到三遍。导购员可以借鉴这一方法来营造出商品的优势。比如：一位导购员向顾客推荐一瓶精华液，导购员会以"熬夜神器"为卖点，在与顾客沟通中不经意地多说几遍，以增强顾客对商品的记忆。

（2）把顾客的"缺陷"放大

一些顾客购买商品，是因为自己内心深处的需求。比如：皮肤黑的顾客想要美白；身材消瘦的顾客想要完美身材；头发稀疏的顾客想要头发旺盛……导购员在知道顾客的"痛点"后，就把顾客的"缺陷"放大，进而推荐自己的商品。

（3）买家秀更能让顾客安心

导购员说得再多不如老顾客反馈的商品体验。如果导购员能找出老顾客反馈的使用体验，在推销时以此为卖点，那新顾客会认为这件商品确实有效，这会吸引正在观望的潜在顾客购买。

（4）让顾客感受到商家的诚意

虽然有些商家把一件商品卖得偏贵，但还是有许多顾客愿意购买。这种情况下，导购员有一个小技巧，就是多送赠品。当一位顾客购买一件商品而获得很多赠品，顾客会认为商家富有诚意。需要注意的是赠品要保证质量，最好是本品牌其他商品的试用装等。这样，不仅给了顾客一个优惠，又能有助于另一种商品的推销。

（5）"另类"介绍商品的手段

找到顾客再次购买的原因，并且放大自己商品的优势。比如一位顾客前来购买手表，顾客说："我的手表在挤地铁时摔坏了，我要重新买一个。"导购员："这样吗？您看我们这一款手表。您可以直接摔在地上。"导购员当场演示一遍，让顾客直观地看到商品的质量优劣。

（6）在商场直接放置应用场景

一些商品因为场地受限无法让顾客立即看到使用效果。这时的导购员可以做一套简易装置，在推销时拿出简易装置演示给顾客看。比如：测试防水商品，就在附近放一盆水；测试商品安全质量，就在旁边放一个专业测量仪器、安全测试纸等。

向顾客提供卖点就是要直观地、明确地给顾客展示他们最想要的商品效果，利用视觉冲击力和推销话术进行辅助。如此的话，有购买意向的顾客一定会被导购员吸引过来。

让顾客条理清楚地了解商品特点

在初次购买时,顾客往往不清楚商品的具体内容,因无法做出比较而处在困扰中的时候,导购员出现并且向顾客条理清晰地说出商品的特点,帮助顾客挑选出适合自己的商品,选出性价比更高的商品,这才是顾客需要的服务。因此,一位导购员在讲解商品时,思路是否清晰、描述是否全面、说话是否有条理等,对于顾客而言都是至关重要的。

顾客:"这款笔记本电脑价格有些贵啊!"

导购员:"当然,这款是今年刚上市的款式,比台式电脑性能更好,比一般的游戏本重量更轻,简直是旅行出差的不二选择。"

顾客:"可是价格这么贵,我还不如买一台平板,现在电子商品更新快,买这么贵的商品会很浪费吧!"

导购员:"没有浪费啊,而且近几年也不会被淘汰,您放心。"

"没有浪费啊,而且近几年也不会被淘汰,您放心。"这句话,用来回应顾客的疑虑毫无说服力,平淡直白地告诉顾客不要担心,却没有说明原因,顾客只会认为导购员在说大话。

正确的回应是:"您不能拿平板、笔记本与电脑作比较,性能不同,体验更是不一样。您想一下游戏本有多少事情是电脑做不了的,玩大型游戏、画图……就便携度来讲，这台笔记本电脑的重量足以让成年人轻松携带。"

"这款笔记本完美地展现了两种电脑类型的优势，充满电后可以超长待机12个小时，瞬间唤醒功能如同手机一般快速，同时又拥有8核处理器，256G固态硬盘，4G独显，这样的配置在轻薄本中很突出。"

▶ 实战锦囊

由于顾客不了解商品，不熟悉商品的性能。在选购商品时，对这些不熟悉的商品会产生误解。导购员需要向顾客积极地解释，将顾客先入为主的观念改变，帮助顾客更好地选择商品。那么在向顾客描述商品的好处时，导购员需要具备以下这几种条件。

（1）深度了解自己售卖的商品

导购员要做第一个了解自己售卖的商品的人，无论是商品的性能、材质或者保养等方面都要有所了解。只有导购员掌握后才能熟练地传达给潜在的顾客，顾客看见经验如此丰富的导购员，也会对这一品牌的服务产生好感。

将商品的一切信息牢记心中，就算是内行人来购买商品也不会胆怯。有了带领顾客选购商品的资本，在销售中即使出现突发状况，也能很快地予以解决。这样的导购员才不会担心下一个顾客会不满意自己的服务。

（2）抓住一两个主要优点介绍

导购员在讲解商品时要简单、清楚地告诉对方商品的核心价值。这就需要导购员控制自己的介绍时长，表达时间太长会招致顾客厌烦。在表述内容方面要简练，导购员要知道即使商品有十个优点，也不要把他们全部灌输到顾客的脑袋里，抓住其中一两个要点来介绍商品，要专挑顾客关心的功能、问题，着重讲解，采用这样的方式，顾客会更愿意倾听导购员的讲述。

（3）着重介绍顾客感兴趣的特点

导购员要着重讲解顾客关心的问题。当顾客同时问出许多问题时，就着重讲解一个重要的问题，带领顾客深入这一问题，描述细致到顾客没有任何疑问后，再连带讲述另外几个问题。需要注意的是：剩下的几个问题只要轻微地讲解一下即可。通过这样的办法，可以让顾客对商品的某一点印象更加深刻，避免顾客因为对商品的几个方面了解过多而混淆，影响顾客对整个品牌的印象。

导购员要想条理清楚地讲述商品，就要从了解商品、热爱商品开始做起。在向顾客介绍的过程中，导购员要学会挑选重点，着重讲解，精炼介绍商品的优点。利用这样的方式来向顾客推荐商品，顾客面对如此专业的导购员，会更容易接受导购员的推荐。

像介绍商品一样介绍服务

顾客除了重视商品的质量，同时也很看重一个店铺的服务质量。面对同类商品，顾客更喜欢到服务更好的那家店购买。想要提高顾客的再次购买概率，导购员要学会介绍商品的同时介绍店铺的服务，让第一次光顾商店的顾客了解本店优质的服务内容。

顾客："您好，我想买床垫。"

导购员："您看看这款床垫采用 3D 面料，全身可水洗，完全贴合人体曲线，并且它的表面有规律的透气孔，即使在夏天使用也很凉快。"

顾客："我很喜欢这款，就是有些贵，不知道你们的服务怎么样？"

导购员："这个您放心，我们的服务很完善，您先了解过商品再说。"

"这个您放心，我们的服务很完善，您先了解过商品再说。"这句话过于着急，当顾客已经主动提出关于商品服务项目的问题时，导购员的注意力还主要在推销商品上，这是明显错误的做法。这时候的导购员应该立即向顾客说明商品的服务内容，消除顾客对服务的疑虑。

正确话术是："这个您放心，我们商品的价格都是良心价，我们致力于高标准的商品和服务，您购买后的送货、清洗保养我们都会一一跟进，免除您的后顾之忧。"

03 完美地向顾客介绍商品：会介绍入人心

"我们的床垫质量有目共睹，当然我们还有三个月无条件退换的服务。保证您打一个电话就能解决问题。"

▷ 实战锦囊

顾客都非常看重商家的服务态度，导购员就要积极地向顾客展现自己优质的服务。给顾客一个直观的、全面的印象，让顾客立即感受到这就是自己想要的服务。导购员可以借鉴以下几点向顾客快速表达本店的服务。

（1）向顾客提出其他店没有的服务优势

导购员要抓住一切机会向顾客推荐商品和服务。及时关注竞争对手的商品服务信息，与自己的商品做对比，突出自己商品服务的优势，让顾客感觉我们的商品服务才是最适合他的。

（2）不说顾客听不懂的服务类专业术语

有些导购员喜欢在顾客面前说一些服务类的专业术语，意图让顾客体会自己的专业度。但如果顾客听不懂的话，不会给顾客很专业的感觉，顾客会觉得导购员不真实，不会好好说话。优秀的导购员采用大白话介绍商品服务，搭配幽默的语气告知顾客商品服务很完善。如果顾客听后一笑，就说明导购员成功拉近了双方的距离。

（3）从情感上打动顾客

在表达服务的质量时，导购员从情感入手，传达给对方善意，让顾客感受到导购员足够的诚心，利用真情实感打动顾客。顾客会因为导购员的表述而深受感动。

（4）从效率中打动顾客

高效率是顾客最喜欢的服务模式，让顾客感受到售后服务的高效率，向顾客保证只要来这里购买商品，就能获得更好的服务。从实际行动出发，让顾客感受到导购员的热情。

（5）向顾客表示服务的连续性

连续性服务是指导购员在介绍服务时，向顾客展示的每一次服务的质量都是同等的，不会出现不对等、不平衡，偏袒其他顾客的状态。对等的质量、对等的服务内容这些特点要明确地告知顾客。

（6）向顾客表示服务的规范性

一些连锁商店都会有公司统一进行培训，导购员向顾客表示这些规范的服务质量。比如：公司的服务如何科学、如何全面，在职人员的选择如何规范等。一些顾客更加看重和注重安全规范的服务，听见导购员这样的介绍，会对商品更感兴趣。

（7）导购员抓住服务内容的适当性

导购员在告知顾客服务内容时，要注意有些顾客不喜欢过于热情的服务，导购员就应当缩减服务的黏性。一方面，在保证质量的前提下，把顾客的服务项目放宽松。另一方面，导购员也要为企业考虑。在顾客表述服务时，也要在企业自身能承受的情况下告知顾客，不做过度的夸大和逞能。过度夸大服务，一来增加了自身风险，二来过度的服务对顾客的消费力度不会有明显的影响。

导购员向顾客描述自己的服务时，可以从以上这些方面来切入。根据沟通情况和顾客的自身需求来改变策略，其根本目的是让顾客知道这里的服务是同类商品中最好的，让顾客因为优质的服务而选择商品是一件很不容易的事情。导购员同样应该把服务放在与商品同样重要的位置上，让顾客看到一间商品质量和服务质量同等的店铺。

顾客问到服务空白时该怎么回答

顾客看见导购员优质的服务态度，要求就会变得越来越多。但是有些顾客提出的服务要求，不在导购员的能力范围内。这时候导购员该如何做？是继续为顾客服务；还是拒绝顾客。无论选择怎么做都会让导购员为难。所以，我们要学习，当遇到这样的顾客时，应该怎么办？

导购员："您购买的一件打底衫，两条牛仔裤，请拿好。"
顾客："你能不能把我买的衣服送到我家里呢？"
导购员："抱歉，没有这个服务。"
顾客尴尬地笑了笑，走了。

"抱歉，没有这个服务。"虽然这句话是实话，但是直接说出来难免生硬，面子薄的顾客听到这句话会很不开心。

正确做法是：把生硬的道歉转变成委婉的感谢。像"我们目前还没有这个服务，不过您为我们提供了一份很好的建议，非常感谢。""非常感谢您的提议，不过目前没有这项服务，我会同上级提起您的提议，让经理对你表示感谢。"类似的语言。

表达向上级提出顾客的建议来化解顾客过度的要求，既给了顾客一份颜面，也让顾客知道导购员真的听取了自己的意见，并且对本店没有这项服务表示遗憾，一般顾客听见这些话会理解导购员。

▷ **实战锦囊**

"我今天能不能赊账？""能不能多送我些购物积分？""能把这个月的优惠券留到下个月使用吗？"对于这些超出导购员服务的要求，完美的解决办法会让双方的矛盾得以缓解，不至于在这些小问题上擦出"火花"，导购员可以用以下的方法来回应顾客。

（1）用感谢回应空白要求

有些导购员遇到这些问题喜欢直接拒绝顾客，这样的回应方式生硬又失礼。不如用感谢的方式委婉回绝顾客。当一位顾客提出空白问题时，导购员先要感谢对方"非常感谢您提出的建议。我们目前无法做到是因为我们的服务制度有待完善"。"非常感谢您提出的建议，虽然现在我们无法做到，但我们以后会根据您的建议做一些调整。"这样既拒绝了顾客，又给了顾客尊重。

（2）用上级领导来施压

导购员在说出"感谢您的建议"时，在后面加上"我会向领导转达您的提议。""我会向经理传达您的提议，过几天会打电话询问您要求的细节。""会立即向上级沟通，让领导对您表示感谢。"等类似的话，以领导的电话、领导的感谢等行为给顾客施加压力，顾客一听见导购员这么认真地对待自己随口一提的要求，立马会不好意思。也许顾客会说"算了，算了。""不用这么麻烦，还要特意告知上级。""您太客气了，我只是随口一说，有没有这项服务都很好"。

（3）用委婉的语气回绝顾客

拒绝用生硬、严肃的语气回绝顾客，采用委婉的表达方式，能让顾客更容易体谅导购员面对问题的难处，顾客也会站在导购员的立场思考问题。

（4）用理解对方的语气回绝顾客

有些顾客为了让自己获得更多的优惠，会试图用可怜兮兮的理由打动导购员。比如："我已经买了你们家的套装，现在这剩下一点点钱，可以赠送我两瓶商品吗？""我排队这么久也不容易，可以多给我一些优惠吗？"如果导购员无法给出承诺，就必须要回绝顾客的请求。导购员可以用同样的方式来回应顾客，让顾客知道自己也不容易，并且导购员向顾客明确地表示理解对方"我很理解您的难处，但是我们公司的优惠政策都有明确的标准，我们也不敢违背公司的规定。"

（5）夸奖顾客的眼光

当顾客提出的服务是空白区时，导购员立刻夸奖对方很会选购商品。比如"您的眼光真独到，一眼就看出这是实打实的材料做出来的，在采购时我们也是用特别高的价格收来的，这真的是最低的出售价格了。"

（6）补偿手段来回绝顾客

有些顾客面对一些空白服务依旧不依不饶，这时导购员可以和对方慢慢商量，提供给对方一些补偿。比如："真是抱歉，我们实在是没有这项服务，知道您很喜欢我们品牌，不如赠送您另一份套餐，您看如何？"

在面对顾客的无理要求时，导购员能想出多种办法婉拒顾客的要求。这些办法能避免生硬的回绝，给顾客留些退步的空间，缓解双方的矛盾，并且有效地解决问题，让顾客不再为难导购员。

站在顾客的使用角度介绍商品

一些顾客想认真听导购员介绍商品，其原因除了对商品没有更多了解外，更重要的是想听到导购员说出自己感兴趣的点，以及自己需求的商品细节。导购员不应该为了销售额盲目介绍商品的内容，导购员应该时刻注意自己销售的商品是未来顾客将要使用的，顾客想要的信息点才是导购员的推荐目标。

站在顾客的使用角度介绍商品，优势是让顾客熟悉商品的细节。学会匹配顾客的需求，在顾客不知道商品的优缺点时，把商品的匹配优势安置到顾客的需求点上。这样，顾客能很快被商品的魅力吸引。

顾客："你好，我想看一下这台电视机。"

导购员："您是一个人使用吗？"

顾客："不，是家庭使用，我有两个小朋友。"

导购员："那您看看这款电视，今年新上市的AI人工智能电视机，可以翻译20种不同语言，40英寸屏幕，1080P双画质引擎，全高清超薄电视，金属机身，内含10GB闪存，可以迅速下载，不卡顿，同时内部系统装有五种音效调节。价格经济实惠只要1799元。"

"那您看看这款电视，今年新上市的AI人工智能电视机，可以翻译20种不同语言，40英寸屏幕，1080P双画质引擎，全高清超薄电视，

03　完美地向顾客介绍商品：会介绍入人心

金属机身，内含10GB闪存，可以迅速下载，不卡顿，同时内部系统装有五种音效调节。价格经济实惠只要1799元。"这句话非常专业，导购员向顾客全面展示这台电视的优势。但是导购员没有站在顾客的角度介绍商品，而是以一位普通推荐者的角度去表达商品的性能，就像一本没有感情的说明书。不考虑顾客的需求，即使商品再优秀也很难打动顾客。

案例中，顾客提出购买的商品需求是多人使用，并且特意说明有两个小孩时。导购员可以这样推荐："您看看这台电视机，采用防蓝光护眼屏。屏幕色彩鲜艳，丝毫不受护眼模式影响。同时这款电视有儿童模式，专门为孩子筛选出健康视频，里面有超过5万部免费课程教育视频，内容覆盖了幼儿园到高三全学龄段。价格更实惠，只要2999元。"

▷ 实战锦囊

顾客在表达自己所需商品的信息后，导购员应该如何在适当的时机介绍商品、从哪些方面介绍商品，怎样把商品的特色匹配到顾客更感兴趣的方面是很重要的。导购员可以从这些方面入手，在介绍商品时注意自己的介绍方向，在自己精彩的商品介绍中让顾客对商品感兴趣。

（1）站在顾客角度思考商品价值

在介绍商品之前，导购员在脑海里仔细想清楚顾客到底喜欢什么。如果导购员作为顾客走进这家店，会先对商品的哪点产生兴趣。导购员想象顾客第一次看见这款商品是什么反应，他们心里会想些什么，尝试琢磨出顾客的想法，再根据这些想法调整自己推荐商品的顺序和内容。

比如：一家商店进门的第一排就是洗发水，作为闲逛类的顾客肯定不会对这排货架感兴趣，除非他真的正好需要一瓶洗发水。如果导购员想到这一点，就会马上调整货架的摆放；一件颜色鲜艳的商品，顾客拿起它第一眼会先被商品的颜色吸引，那么导购员就要注意多准备些关于这款商品颜色的介绍。

（2）让顾客先体验感兴趣的商品

要想让顾客第一眼对商品感兴趣，导购员要主动向顾客展示商品。重要的一点是导购员向顾客讲述商品时，要把商品拿在手里。最好让顾客也参与进来，让顾客真实地使用。只有尝试过，顾客才知道这是不是自己喜欢的商品。

（3）看眼色安排推荐内容

导购员要时刻注意顾客的一举一动，顾客的一个眼神、一句话都暗含着很大的信息量。比如顾客说："这件大衣太大。"导购员就帮顾客挑选小一点的大衣；顾客说："我不喜欢木制品。"导购员就尽量给顾客选择非木制的商品。

（4）与顾客聊相似类型的人

导购员可以跟顾客聊一些老顾客的购买经历和商品体验。比如"我有位老顾客和您一样也喜欢吃香菜。""我曾经有位老顾客也是跟您一样爱操心。"当顾客在犹豫是否购买这件商品时，导购员主动聊起相似类型的人，会给顾客一个选购标准和建议，同时也给顾客购买的自信。

导购员要想从顾客的角度介绍商品，就要先知道在顾客眼里，商品是什么样子。从顾客的角度出发观察商品和服务，导购员更能了解消费者的心理。同时也要让顾客积极地体验商品，顾客体验期间，导购员要观察顾客的举动，发现不同顾客对商品的不同反应。再去从顾客感兴趣的方面细致地讲解商品，在交易时与顾客聊起相似的人，会让顾客产生共鸣，从而增强顾客的购买动机。

时段不同，介绍商品方式不同

时段不同，导购员介绍商品的方式也要不同。导购员总会遇到自己还没有说完话，顾客扭头就走的情况。导购员认为自己没有说错话，虽然没说错话，但却找错了时段，导购员在不正确的时段推荐商品给顾客，顾客当然不会有长久的耐心听导购员说话。比如：一位刚刚进店的顾客，导购员与他聊售后服务；一位将要离店的顾客，导购员还在慢条斯理地描述商品的细节。不同的时段导购员就要用不同的话术来服务顾客。

顾客走进一家饰品店，在柜台面前选购。

这位顾客已经试了几个饰品，很明显有想买的意向。

这时候导购员走过来："您真有眼光，我看您试的这几款都很适合，要不您就都买下吧！"

顾客："我没有想买这么多。"

导购员："我们家的饰品都是由香港独立设计师独家定制，全手工制作，每一件都是独一无二的。"

顾客："虽然很好，但是价格太贵了。"

"您真有眼光，我看您试的这几款都很适合，要不您就都买下吧！"跟顾客交流的第一句话就劝顾客买下商品，这种做法是不对的。导购员不能因为顾客在商店停留了很久，就以为顾客已经熟悉这里了，着急催促顾客购买商品，在顾客眼里这种行为的实质是店家在赶人。

正确回应是："您好，这边的饰品可以随意选购，欢迎试戴。我们最近在做买三送一的活动，您可以慢慢挑选。"

"我们家的饰品都是由香港独立设计师独家定制，全手工制作，每一件都是独一无二的。"当顾客已经明确表示自己没有想买这么多，但是导购员还是直接向顾客介绍商品的由来，这样的做法让人觉得奇怪，生硬的介绍好像在向顾客强行推销商品。

正确回应是："没关系，只要您购买商品我们都有一张优惠券赠送给您。"

▷ 实战锦囊

为避免出现顾客不理解导购员推销的意图，出现疑惑、尴尬的场面。导购员需要学习如何在不同时间采取不同的推销方式。导购员选用正确的推销方式，既可以节省推销时间、减少顾客流失率，又可以在正常发挥下引起更多顾客的注意，其合理的话术更能受到顾客的喜爱。

（1）初见顾客时这么介绍商品

当顾客第一次进商店，导购员通过吆喝的方式介绍商品。比如"大家来看一看，这款……""多功能洗衣机，商场活动只要……"扩大介绍人群的范围，进到商店的顾客会被导购员大声介绍商品的场景吸引。往往第一次进店的顾客好奇心最旺盛，导购员抓住这一点，就能很好地向顾客快速传递购买商品的信心。

（2）顾客向导购员走过来主动聊天时

顾客被导购员的推销吸引，导购员就要向对方简单快速地讲解商

03 完美地向顾客介绍商品：会介绍入人心

品的优势。这时候的顾客很愿意听导购员讲解商品。如果这位导购员讲解的话术深入人心的话，顾客会加深对商品的兴趣，就有很大概率成交这笔订单。

不仅如此，导购员在讲解商品时，要不时关心一下顾客的感受。比如"您喜欢哪种颜色，我帮您挑一个。""您喜欢什么样的电饭煲？像这种多功能电饭煲您觉得方便吗？"这种不经意间的提问，方便导购员快速了解顾客的喜好和需求。按照获得的这些信息，结合商品的优势，向顾客展现这些商品的性能，顾客会对商品产生很大的兴趣。

（3）顾客在考虑阶段时

导购员根据顾客的喜好再向对方介绍商品。如果顾客一直停留在导购员面前，订单成交的概率会很大。如果顾客因为想购买商品又顾虑其他而犹豫不决。当他对商品有一定的了解后，必然会产生各种各样的疑问。这时候导购员就不能只局限于用语言来让顾客理解，带领顾客去体验商品是最重要的。让顾客直观地了解商品的质量、性能、用途等方面，导购员要将顾客的每一个疑问逐一化解，并且利用商品的其他优势来弥补商品的缺陷，让顾客对商品的优势没有异议。

（4）顾客即将购买时段这样说

导购员在消除顾客疑虑后，有些顾客仍旧不会立刻购买商品；有些顾客喜欢观望身边的人是否会购买，以一种借鉴的心态来选择商品。这时候，导购员的话术需要暗中激励顾客购买。可以让顾客想象在以后生活中使用该商品的场景，或者是让顾客想象出使用商品后产生的效果。

"您想一下使用这款冰箱以后能够放置多少水果和蔬菜。""这一瓶精华液用完，肉眼可见白了一个度数。"同时拿出成效显著的案例，这时的顾客会对商品更加心动。

导购员除了拥有精湛的话术和丰富的商品知识外,也要知道如何合理地运用他们,不同的时段有不同的使用办法。优秀的导购员会根据不同的时段告诉顾客,自己想要什么样的商品。顾客更能接受在合适场合说出合适话语的导购员,并且会因为导购员的推销而购买商品。

顾客都有担心自己上当受骗的心理

很多顾客有被骗的经历，这导致导购员在推销商品时相当困难。顾客在购买商品时会思考很多风险，导致在购买商品时犹豫不决。由于对导购员的不信任，顾客不喜欢听取导购员的建议，也不想从导购处知道更多商品的信息，甚至抱着逆反的心理，导购推荐什么顾客偏不买什么。所以，消除顾客对导购员产生的刻板印象是一项艰巨的任务。

导购员："您好，欢迎选购某某百货。"

顾客转了一圈，向导购员问道："你们这商品是不是正品？怎么价格便宜这么多？"

导购员："绝对正品哦！好商品不是我说好就是好，从顾客嘴里说出来才是真的好。我们家百货定位就是经济实惠好用。"

顾客拿起一款商品："你不会骗我吧？"

导购员："我骗您做什么呢？"

导购员一脸惊讶地看着顾客。

顾客："原来是这样，那我再看一看。"

"绝对正品哦！好商品不是我说好就是好，从顾客嘴里说出来才是真的好。我们家百货定位就是经济实惠好用。"当顾客问起商品是不是正品的时候，导购员需要用更专业的回答来回应顾客，而不是用没有实质证据的话语来回应顾客。

正确回应是："是正品，我们都是与各个品牌公司合作，所以进货量大，价格更加便宜。每一款商品都有防伪码，您购买后只需要在官方网站验证即可知道结果。"

"我骗您做什么呢？"顾客再次质疑导购员是否诚实，就是在表达对这家公司的不信任。导购员直接说出疑问句，顾客会认为导购员在没有诚意地解释。

正确回应是："我没必要骗您，我们公司的信誉是一件一件商品卖出来的，我们公司会保证每一件商品都是从原厂购进的，是原公司最新鲜的商品，您无须担心质量问题。"

> **实战锦囊**

消除顾客在导购员面前害怕上当受骗的心理；让犹豫不决的顾客快速成交订单；让担忧决定的顾客放下心中的不安；让在购买前和购买后有严重落差感的顾客平静下来。这些，都需要导购员在以下几个方面提升自己。

（1）从专业角度上让顾客提升安全感

优秀的业务能力是令顾客安心的重要部分，顾客一定不喜欢一问三不知的导购员。业务能力过硬的导购员，能给整个店铺提高信誉度和服务度。导购员对顾客提出的业务问题要对答如流，在这样的导购员手里购买商品，顾客才能更加放心。

（2）提升形象包装

导购员一身干净整洁的服饰会给顾客带来更多安全感。第一形象非常重要，顾客在第一次见到导购员时，第一眼看见的就是导购员的穿着，导购员要穿一身整洁专业的服装，顾客对企业的商品才会更有信心。

03　完美地向顾客介绍商品：会介绍入人心

（3）提前给顾客担心的事情打预防针

顾客难免会在购买商品时担心商品的质量和售后服务问题，如果导购员诚实地告知对方商品的优缺点，提醒顾客需要注意的事项。那么，顾客会在心里估计出风险范围，这样顾客购买商品后，在心里更有底气，而不是不知道未来商品的使用结果，这也会增加顾客对商品的信任感，因导购员的诚实增添好感。当商品出现问题时，顾客心理也有准备，就不会迁怒于导购员。

（4）帮助顾客计算商品价值

有些理智型的顾客在购买商品时总怕超出预支范围，导购员帮助顾客计算商品消费总额，商品价值能给未来的生活带来怎样的影响，换一种思维方式让顾客感受到商品是值得购买的。比如：当一位顾客感到商品价格过于昂贵，导购员就帮助顾客计算商品的使用时间，让顾客感受到商品质量与价格成正比。"您别看它现在贵些，但是能用三年之久，算起来平均每天只用花1元钱就可以享受到这样的服务。"这句话，让顾客认为自己的钱花得很值。

（5）一份正式的书面保证

在销售中有证据作用的保证书很有必要。在与顾客成交订单时，顾客担心以后商品会出现问题，导购员就与顾客签订协议保证。把顾客担心的商品风险降低，转移责任到自己与企业身上，保证给顾客一个良好的售后服务。

在不知道如何稳定顾客担心的情绪时，导购员就要先从自身的形象和业务能力做起，让人一看就知道这位导购员专业素养很高。在与顾客交谈时，也以顾客的利益为主，帮助顾客规划财政支出，并且给顾客一份售后服务协议，让顾客有一份购买保障。

顾客都有喜欢便宜的心理

顾客在选择同等的商品时，都会选择更加便宜的那个。喜欢便宜是每一个顾客拥有的特性，导购员如何利用顾客这一特性推荐商品是很重要的。当顾客要求导购员出更低廉的价格时，导购员去推荐能给顾客更多利益的商品，顾客会更想购买这款商品。

导购员："您好，欢迎选购商品。"
一位顾客试过几双鞋子之后，对导购说："这双鞋子能不能便宜点？"
导购员："便宜不了，只有这个价。"
顾客："我真的很喜欢，不能便宜一些吗？"
导购员："这已经是促销价了。"
顾客："好吧，有些贵，我再看看。"

"便宜不了，只有这个价。"这样强硬的回答，改变不了顾客想要便宜的决心。导购员看见顾客很喜欢这双鞋子后，应该适当给对方一些优惠。

正确回应是："今天价格是促销价哦，原价 699 元，现在只卖 499 元。"提醒顾客原价更加昂贵，让顾客知道自己已经享受优惠了。

"这已经是促销价了。"顾客再一次向导购员请求优惠，导购员要

03 完美地向顾客介绍商品：会介绍入人心

再次提醒顾客已经优惠，这样不利于双方的交谈。

正确回应是："按理说已经是最低价格了，不过看在您那么喜欢就便宜你一点。我可是亏本卖的，促销价已经是亏本了。"向顾客降价，并且强调自己已经是第二次亏本卖出，防止顾客再次提出降价的请求。

▷ 实战锦囊

导购员在遇见顾客不停地要求降价，并且一心想要购买便宜货时该怎么办？导购员是应该顺着顾客的意愿做推荐，还是照旧推荐适合顾客的商品。当导购员已经说出价格而顾客不满意时，导购员应该如何解决顾客的不满。导购员可以利用以下几个办法扭转不利的局面，让顾客感到在导购员这里购买商品更经济实惠。

（1）给顾客小恩小惠，要一点一点给

导购员在推销商品时，主动赠送顾客小礼品是一个简单的方法。比如：每一家令人服务满意的餐厅都会免费配备一些小零食和餐后薄荷糖。这种免费而贴心的服务令顾客感觉商品的价值更高。一个优惠小技巧是当导购员想给顾客一些优惠时，不要一上来先赠送一大把商品。而是一点点地赠送给顾客，让顾客感受到自己的利益是一点点的增加，产生好像很合适的错觉。

（2）假装说错价格

顾客在询问导购员时，一个商品的价格可以变成两个价格。当顾客向一位导购员询问价格后，另一位导购员说出价格，而这位导购员假装听错，并且说出比之前更低的价格。这样，顾客会因害怕导购员反悔而马上成交商品。这种方法，同样会给顾客一种自己买到便宜货的错觉。

（3）书面价格上的细微差距

很多顾客会因为价格上相差几块钱而选择购买更便宜的。比如：超市的湿巾，一包5元钱，另一包4.5元。顾客这种求便宜的心理会导致他选择购买4.5元的商品。所以，在标价格时有些商家喜欢标出299元，399元的字样。导购员可以利用顾客这一点来促进销量，当顾客说，另一家店卖400多元，导购可以说"我家只卖399元"。从感觉上，顾客会认为自己赚到了。同时，除了顾客提出的信息，导购员也要注意竞争对手的价格信息，好让自己的价格在附近的消费群体中占据上风。

（4）限量、先到先得的宣传错觉

有些品牌喜欢营销限量款等商品，这样的营销方式更能吸引顾客的眼球。烘托紧张的气氛，让顾客感到自己这次不买就不会再有第二次机会了，就会有越来越多的顾客争相购买，那么，抢到的顾客就觉得自己赚到了。导购员说出"只赠送前10名购买者。""前500名购买者有礼包一份。""前5000名购买者有机会获得某某签名照。"以前还要犹豫买还是不买的顾客，见到这样的宣传也就下定决心购买了。

（5）告诉顾客，商品已经被预订了

顾客对一件商品犹豫不决时，顾客对导购员说："我考虑一下"。导购员在言语中透露出这件商品已经被别人预定了，如果还想购买，可以选择另一个商品。此时顾客心理一定会后悔万分。等到过几天，导购员再告知顾客："另一个顾客已经取消订单，您还想再购买吗？"这位非常想买的顾客一定会毫不犹豫地下单。

而实行这一方案的导购员需要让顾客先感受到商品的优点，并且导购推荐的另一款商品明显没有这款好。而顾客又非常想买时，使用这个方法比较有效。

03　完美地向顾客介绍商品：会介绍入人心

占便宜和让顾客感觉很便宜，这两个方面都可以在导购员优秀的话术中转变。给顾客一种很便宜的错觉，既满足了顾客的心理，也不会损耗导购员的利益。导购员在销售中多丰富自己的经验，在顾客有想占便宜的想法时，及时给对方优惠的信息，让顾客有购买的动力。

04

给顾客一个购买的理由：邀体验谈感受

讲一个真实的故事，让顾客心动

导购员在推荐商品时，一直夸赞商品的优点，顾客购买后可以获得怎样的显著效果。但是，导购没有注意到，无论是哪一方面，人们都喜欢把事物最好的一面表达出来，顾客也一样。所以，要想让顾客信服导购员的说法，导购员需要一个真实的故事来打动顾客，让顾客知道购买后的真实体验和真实效果。

导购员："欢迎选购运动鞋。"

顾客拿起一款运动鞋说："这双的价格为什么这么贵，看起来很普通的样子。"

导购员："这款是头层牛皮，款式是特意设计成简洁大方的样式，可能在您眼里很普通，但是这款运动鞋就是走简约风格，许多顾客都很喜欢，要不您试穿一下看看？"

顾客："算了，有些贵，我还是别试了。"

"这款是头层牛皮，款式是特意设计成简洁大方的样式，可能在您眼里很普通，但是这款运动鞋就是走简约风格，许多顾客都很喜欢，要不您试穿一下看看？"这句话，虽然向顾客说明了商品的优势，但是顾客并没有信服。主要是因为导购员没有说出一个让顾客完全信服的故事。

正确回应是:"我遇到一位顾客与您有同样的看法……"以相同的看法让新顾客找到认同点,之后再说出价格贵的理由,更能吸引顾客的注意力,让顾客听导购员的解释。

"为什么我们的鞋子价格这么贵呢?其实和鞋子的款式设计有必然的联系,我详细同您说……"以简单的一句话,引导顾客听导购员讲商品的故事。

▷ 实战锦囊

向顾客讲一个真实的故事,以此证明自己的商品有多好更具说服力。甚至不用讲更多专业的术语,一个真实的回应就能让顾客信服。那么导购员应该如何运用讲故事的能力呢?下面我们来一一讲述。

(1)培养讲故事的能力,先从自己的故事开始

当导购员刚开始运用这一方法时,导购员没有别人的故事可以讲,就讲自己的故事。这些个人故事需要表达出一种美好的感受,并且把这份感受传递给顾客。可以通过面对面的传递,也可以是网络上的传递。一个深入人心的故事,能让顾客听后留下深刻的印象。顾客购买商品后把故事二次传播给别人,使得导购员的潜在用户越来越多。

(2)词语和内容要让人简单易懂

导购员与顾客交流时,导购员要让顾客马上听懂自己在讲什么。所以,导购员在讲故事时尽量用简单易懂的话语来引导顾客。

(3)给自己准备的故事制造冲突

当一位顾客既想要好的商品,又想要价格优惠时。导购员不可能全部满足顾客,这时候导购员讲述真实的故事时,要制造出故事的冲突。导购员可以说:"我曾经有一位顾客也是不舍得花更多的钱买商品,结果他……""我曾经有一位顾客在我的劝说下多花了一些钱购买商品,结果……"以这样冲突的结果向顾客传递一分钱一分货的信息,顾客

会多考虑是否要购买商品。

（4）让故事更有画面感

画面感是一个销售故事的核心，顾客在导购员的描述下能快速勾勒出一幅幻想出来的场景，这说明导购员的故事是生动的。导购员在私下要练习讲故事的能力，这需要导购员在日常生活中多与朋友、陌生人沟通，尝试给对方讲故事。如果对方被你的故事所吸引，这就是个好的开始。平时导购员要学习别人是如何讲故事的。比如相声、评书等，都是学习讲故事的好方式。

如果要求一个故事有画面感，需要在故事里添加形容词。所以，我们卖的不是商品，而是体现商品画面感的形容词。一位导购员形容食物可以用肥而不腻、外焦里嫩、甜滋滋等。导购员要给顾客味觉的联想，还有嗅觉和视觉的联想。创造的画面越真实越美好，顾客越能身入其境，你的故事就越有说服力。

（5）故事要着重说明商品优势

顾客来汽车销售场买车，他会问这车的质量怎么样，当导购员向顾客讲解完汽车的性能，顾客还是很犹豫的时候，导购员可以说："您不知道现在每十个人都会有一个开着我们的汽车，不信你去马路上看看。"说着带领顾客去马路旁观看，顾客观察来往车辆发现果真像导购员所说的时候。导购员就趁机介绍为什么我们的汽车销量这么好，有部分原因是和车子的性能相关。

导购员在讲故事时，记得从自己和老顾客的故事出发，寻找更能体现商品效果的故事。在故事中创造冲突，让顾客从反面感受导购员的意思。并且在向顾客推荐商品时，多用一些感官类的形容词来形容商品的材质、外观等描述，让人一听就能联想出画面感。导购员了解这些方面后就赶快行动，在推销时向顾客多讲述故事，展现商品优势，让顾客被这些真实而生动的故事吸引。

说得再好，也不如顾客亲自体验

一些顾客听过导购员的商品描述，由于导购员讲述得太过真实，他们甚至会怀疑是否是导购员的花言巧语。因为导购员生动形象的描述，顾客想进一步了解商品，主动要求体验商品。于是，太多的商家开启各种免费体验馆、赠品、试吃、商品小样试用等活动。

导购员："这款自行车拥有 21 速核心部件，采用了加粗减震的材质，能够坚固抗撞击，搭配钢弹簧，能够大幅度的回弹。所以，即使是坑洼地面，也能像在平地上走。"

顾客："挺好的，那我可以试一下吗？"

导购员："嗯，可以是可以。但这款只剩最后一台了，所以请小心骑。"

顾客："噢噢，那算了吧，我如果不小心磕破漆就糟了。"

"嗯，可以是可以。但这款只剩最后一台了，所以请小心骑。"以这样的语气来回应顾客的要求，只会让对方使用的愿望受挫，很有可能交易失败。

正确回应是："当然可以，不过只剩最后一台了，如果您不小心摔倒，也只能提这一辆啦，哈哈！"以放松的语气回应顾客，既鼓励对方体验商品，又很好地提醒顾客注意商品的安全。

04 给顾客一个购买的理由：邀体验谈感受

> **实战锦囊**

如果顾客在没有决定购买商品前，导购员主动提出让顾客体验一下商品的使用感受，顾客会很高兴。当顾客体验商品时，就是抱着我想知道这商品有没有导购员说的那么好、我适不适合商品的想法。在体验商品过后，一半的顾客很满意，一多半的顾客在满意商品体验后，会选择购买商品。那么顾客在体验商品时，导购员应该用什么样的话术来回应对方，在对话时应该注意哪些方面呢？

（1）在顾客提出试用商品时，应该热情回应对方

有些导购员不喜欢顾客体验商品，一是怕麻烦，二是怕顾客把商品弄坏。这两点都需要导购员改进，在顾客体验时说一些注意事项，让对方知道商品需要注意什么。在顾客提出试用时，导购员也不可以冷脸、热情度不高、面无表情、眼睛看向别处，再去回应。这样的态度给顾客一种导购员不耐烦的感觉，顾客也不敢尽情尝试商品，或者尝试过后不购买。

所以，导购员的回应方式应该是积极热情、面带笑容，这也会形成一种心理暗示，当导购员面带微笑地建议顾客去试用商品时，顾客因为导购员的服务，心情变好，试用商品时对商品体验好感也会增加。

（2）让顾客积极发言，说出体验后的感受

导购员在顾客体验后，第一时间去问顾客的感受。顾客刚结束体验，没有安静下来进行冷静的思考，这时冲动消费的情况比较多。导购员鼓励顾客把他发现的商品优点讲述出来，这样顾客能发现更多商品的优点。

（3）帮助顾客联想日常使用的场景

导购员在顾客说出商品体验感受后，鼓励顾客大声夸赞商品的功效。这时候导购员就开始帮助顾客构想未来使用的场景，利用真实的故事加上对未来的幻想，顾客会情不自禁地联想起未来的生活。导购员可以说："您觉得这款吸尘器很好用，就买一个放在家里随时用，你想一下家里有没有一直打扫不到的角落，以后你可以每天打扫一遍，还可以清洁以前不好洗的沙发和地毯……"让顾客开始构想以后使用的场景，顾客又会加大购买的概率。

如何打破顾客不愿体验的顾虑

导购员经常遇到不愿意体验试用商品的顾客。有的顾客委婉拒绝导购员的邀请；有的顾客就直言自己不想试用。导购员遇到这样的情况应该怎么做才能改善顾客对试用商品的印象呢？

让很多对商品不感兴趣或者嫌弃商品的顾客选择试用是很重要的，试用不仅能改变顾客对试用商品的偏见，还能使顾客对商品的认知度增加。

导购员："您想选购这系列的腮红吗？"

顾客："是的，不知道哪一款更提升气色。"

导购员："您看中的02色号就可以，您不妨在脸上试用一下，总比在手背上的效果好。"

顾客："不用了，这试用品多少人试用过，我嫌它脏。"

导购员："非常抱歉，但这是试用装，被很多人使用过也是避免不了的。"

"非常抱歉，但这是试用装，被很多人使用过也是避免不了的。"导购员这句道歉，也解决不了顾客拒绝试用的行为，不如想个办法让顾客不觉得商品被人用过，是脏的。

正确回应是："您可以放心，我们在让顾客试用前都需要顾客清洁面部，当然您不试用就购买也是可以的。""如果您觉得和别人用一个试用商品存在卫生隐患，您可以选择只在手背上试色，回家后再用新买的商品上脸试色，当然我会为您准备一次性湿巾进行消毒。"

▷ 实战锦囊

想要打破顾客不愿意体验商品的顾虑，就要从根本因素出发。发现顾客不想试用商品的根本原因，导购员再用行动力和话术来解决这些问题。

（1）嫌弃试用商品脏乱

我们会看见许多专柜商店有各种各样的试用柜台，有些柜台很整齐，有些就不太一样。这些商品大多被许多顾客试用过，在试用展示柜前杂乱的摆放，打开里面的商品一眼就能看见的脏乱，第一次购买商品的顾客肯定不会对这家店有好印象。

这时候，导购员除了要按时整理试用柜台，也要给顾客可以试用的信心。当着顾客的面清洁试用商品，让顾客感受到商品是被清理过的。每到一个购物高峰期结束，导购员都要迅速整理好被顾客弄乱的试用柜台，以便让下一个前来选购商品的顾客看到柜台后，产生想试用商品的动力。

当顾客使用商品时，导购员主动提出清洁的要求和准备好一次性湿巾，并且给予顾客言语的安慰和引导。比如"放在包装里的商品和使用在身上的感受完全不同。""您试用后才知道什么才是真正适合自己的。"

（2）试用品数量少，货架摆放物品少

柜台物品的数量决定了顾客判断商店营业状态的标准。如果一个试用柜台上面没有几件商品，顾客也不愿意去那里体验。导购员要注意柜台物品的摆放，不能出现商品空缺、破损，要让每一个进店的顾

04 给顾客一个购买的理由：邀体验谈感受

客都看到一个装满试用品的柜台。

如果一款商品卖得太火爆没有货源，导购员不得不把试用装拿下来，那他可以用其他有货商品的试用装填补空缺，即使两个商品相同也是可以理解的。放满商品的柜台给顾客的感受就是这家商店包装形象好，销售氛围好，给顾客一种试用装很新鲜的错觉，顾客更愿意试用这里的商品。当顾客发现两个相同的商品放在试用装位置时，导购员可以告知顾客："这款卖得很好，所以在这边多放了几支试用装。"有些顾客会因为从众心态选择尝试一下这件试用装商品。

（3）导购员休闲的状态让顾客抵触试用商品

有时候商场正处于顾客购物的低峰期，一些导购员见到没有顾客就变得懒散，甚至聊天、发呆等，顾客看见这种状态的导购员不会自在地拿起试用装试用，对店铺的印象也会大打折扣。导购员以这样的姿态迎接顾客，顾客会认为导购员持"懒得理你"的消极态度。这种行为会影响顾客的判断力，直接导致顾客流失。

正确做法是：即使店里只来了一位顾客，导购员也要和对方热情地打招呼，"欢迎光临"。

在导购员的劝说下，顾客还是不想试用商品，这时顾客大多数的情况不是害羞，而是在嫌弃商店的品质。导购员要分清这两者间的区别，在得到顾客拒绝自己邀请的信息后，导购员要及时发现自己的缺陷，并抓紧时间补正。值得我们注意的是：在补救的过程中不要忘记用话术适当安慰顾客。通过与顾客的对话，发现顾客真正的需求，并且根据顾客的要求或喜好及时进行推荐。

怎样推销顾客不感兴趣的商品

在主动向顾客推荐商品的过程中，导购员总会遇到这样的情况。有些顾客看见导购员推销的商品，立刻说"我对你的商品没有兴趣。"面对这样尴尬的情况，导购员该如何回应？有些导购员选择放弃，继续向下一个人推荐；有些导购员则选择继续疯狂地推销商品，把一些原本潜在的顾客烦到一步都不想再靠近这家商店。

导购员："先生，您看一下这款手表，后盖采用透底合成技术，上发条后可以行走两天以上，而且采用了多种抛光工艺，能让这款手表在高温照射下不易变色，保持……"
顾客："谢谢，我没兴趣。"
导购员："那您需要什么呢？"
顾客："我自己看看就好。"

"那您需要什么呢？"当顾客拒绝导购员的推荐，导购员还急于询问顾客需要什么，是不明智。顾客只会觉得这个导购员急切地向自己推销任何一种商品，不管自己喜欢不喜欢。

导购员正确的回应是建设性地提出一些有趣的方案供顾客挑选。"我们最新出的这款手表也很不错，而且是限量200块，私人订制。您是在寻找这种款式吗？"抛出问题让顾客回答，而不是急切地询问

04 给顾客一个购买的理由：邀体验谈感受

顾客想要什么。

▶ 实战锦囊

即使是顾客不感兴趣的商品，导购员也可以推销。我们可以从顾客的拒绝中寻找能让顾客反驳的观点，把顾客的眼光吸引过来，也可以提供另一套方案让顾客自己挑选，不管哪一种方案，导购员都要行动起来，让顾客知道你的存在，并且认为你推销的是对自己有用的商品。

（1）寻找顾客不感兴趣的原因

每个顾客拒绝导购员的理由都是不同的，尽管每一位顾客都说同一句话："谢谢，我不感兴趣。"但是他们内心的想法是不同的。每个顾客的理由都不一样，"我不需要这款商品，我还有很多可以代替的商品使用。""我不喜欢这款商品，它太丑了。""我不喜欢这款商品，它太昂贵，我负担不起。"等，导购员要认真分析顾客的真实想法，寻找突破口。仔细思考顾客对商品不感兴趣的原因，只有摸准了顾客拒绝的真实原因，才能着重地讲解和推荐。

（2）提出有价值的问题

分析出顾客的真实想法后，导购员要提出能帮助顾客的问题。比如：一位顾客想要获得更廉价的商品，导购员就帮助顾客寻找更加实惠的商品；一位顾客想要能彰显自己身份的商品，导购员就要在话术中夸奖顾客，满足顾客的虚荣心。导购员要谨记，面对不同顾客，要采取不同的应对措施。

（3）不要在意顾客的拒绝

面对不感兴趣的顾客拒绝你，不要过于在意。记得树立自信，要在心里告诉自己，我还可以继续推销商品。当顾客拒绝跟你交流时，导购员可以这样回应顾客："真的像您说的那样吗？""看来您在这方面很在行啊！"尽量找能帮助顾客的话题或是顾客感兴趣的话题进行交流,不要放弃没有兴趣的顾客。并且向顾客提出一些建议:"您说的确实很对,但是不要忘记这次促销是次很难得的机会。""购买一台吸尘器不会花费太多的金钱,但是它却为你提供了不少便利。"

(4)**反驳对方的观点**

有时候导购员顺着顾客反而不会得到相应的回报,但是当导购员开始反驳顾客时,顾客却能认真听下去。比如用"先生(女士),您一定理解错了,这种扁头的水果才是最新鲜的。""您一定搞错了,这种才是最适合冬天携带的。"来反驳顾客,没有十足把握的顾客会心虚地看向导购员,并且认真地听对方讲解商品。当顾客认为导购员讲的对,商品的确很好的时候,就是订单成交的时刻。

(5)**向顾客举例,告诉顾客其他用户的感受**

当顾客真的不相信一件商品,并且表现出不感兴趣的样子。导购员可以用真实的例子回应顾客,增强说服力,从而让顾客信服。比如:在顾客认为这件商品不能为自己提供更多利益的时候,导购员可以说出一件真实的例子来回应顾客,让顾客认为这样的使用感受是真实存在的。

(6)**转移话题**

当顾客以各种理由回绝你时,导购员应该换一种话题反问顾客。其中需要注意的是话题不用说太远,要转到销售商品上面。

在销售中越了解顾客的心理,导购员在销售时就能获得越多的机会。当顾客拒绝你,对你的商品不感兴趣时,导购员也不要慌张。这时候,导购员更应该找准突破点去反驳顾客,让顾客对商品感兴趣。

能使顾客愿意主动试用商品的妙招

导购员在话术中引导顾客主动试用，这需要导购员掌握话术技巧。在顾客没有完全了解商品的内容时，顾客试用无疑是最好的推销方式。那么我们该怎样引导顾客主动试用商品呢？

导购员："女士，这双鞋很适合您，您要试一下吗？"
顾客："我觉得还是有些显老，我再看看别的。"
导购员："只是看着显老，你试穿一下才知道效果，好吧。"
顾客："好吧，但是我现在不想试穿。"

"只是看着显老，你试穿一下才知道效果，好吧。"这句话中的顾客一直在表达自己不喜欢这双鞋子，导购员还一直推荐顾客去试穿。这样的方式会让顾客反感，并且会再次拒绝导购员。

正确回应是："您喜欢显年轻风格的鞋子吗？您看看我们这里少女系列的鞋子很显年轻，还有我们的运动系列也不错，您看一下？"导购员一边说话，一边向顾客介绍别的商品。

"其实这种乐福鞋不管是日常还是工作穿都很适合，最主要是非常好搭配衣服。而且虽然看着鞋子款式老，但是您穿上去立马会不一样，不信您试穿一下。"告诉顾客商品的其他优点，让顾客改变想法。

"您感受一下我们家鞋子的软硬度，相信我，只要在我家试穿这款鞋子，顾客都对它的舒适度赞不绝口，不管是哪个款式。"以不管哪个款式都可以体验到舒适的理由让顾客试穿，顾客会以不买这款也可以的心理去体验商品。

▶ 实战锦囊

随着市场经济的不断发展，商品的种类越来越多，顾客的选择范围也不断变大。当顾客对一个商品不喜爱，或是对一名导购员的服务不满意，顾客完全可以不再去这家店铺，而去其他商铺。所以，这给导购员的销售工作增加了难度。对于让顾客主动尝试商品的方法，以下提供了一些小技巧。

（1）推荐顾客试用时不要莽撞

导购员为了快些成交，就算顾客完全对商品不感兴趣也会想尽办法让对方试用。这会让顾客更加反感，甚至会连同导购员一起讨厌。

正确做法是：寻找恰当的时机给顾客推荐商品，推荐的理由要合乎情理，且真诚自然。这样顾客才能感受商品的价值。

（2）沟通的方式要因人而异

导购员在讲解商品时，如果不能很好地表达出商品的优势，就会让顾客对商品的理解产生误差。这时候，导购员最好加上自己的动作引导，提高顾客对导购员销售商品的认知度，并且给顾客一个充分的体验理由，让顾客主动对商品产生兴趣，并且提出使用的要求。

（3）引导顾客看另一个商品

当顾客不喜欢一件商品，导购员就不能总给顾客推荐，一而再再而三的推荐只会让顾客更加厌烦。不如让顾客选择自己喜欢的商品，导购员可以向顾客推荐其他的商品，任由顾客参考。值得注意的是推荐商品时不要重复多次，推荐的商品不能超过三四个，以免顾客挑花眼，更加犹豫不决。

04　给顾客一个购买的理由：邀体验谈感受

（4）暗中向顾客强调商品好处

一边赞美顾客的眼光，一边赞美商品的优点，并且积极引导顾客试用。比如："您真会选，一下子就选中了我们新上市的商品，这款很适合白皮肤的人佩戴，而且和您今天的衣服很搭，我帮您看看上身效果。"这时候顾客一般会稀里糊涂地同意试戴，顾客一旦试戴，就可以帮助顾客加深对商品的认知。

（5）告诉顾客看着商品不如试一试

当顾客在一些商品上拿不定主意的时候，导购员可以推荐顾客尝试，并且说出一个合理的理由，让对方信服。导购员可以说："您这样看口红也不知道哪款更适合自己，我建议您试一下。因为不同的人不同肤色、唇色都会影响一款口红使用时的效果，不是每一位顾客涂一款口红都适合。"告诉顾客如果不试用商品，只看着商品就是白费功夫。

（6）向顾客承诺不强迫购物

"你试一下没问题的，买不买都可以。""您怎样也要尝试一下，不喜欢可以不买的。"以体验一下也没什么的语气引导顾客，告诉顾客不买也可以尝试，减轻顾客的心理负担。有大量时间购物的顾客会选择停下脚步，尝试商品。

在销售中，如果顾客没有主动要求试用商品，导购员要用适当的话术引导对方。告诉顾客，您可以试用商品，鼓励害羞的顾客试用。试用让顾客进一步了解商品，能提高导购员的成交率。

询问顾客试用过程中的感受和意见

在顾客尝试商品后，导购员应该积极地询问对方商品的使用感受。导购员可以直接从顾客口中得知顾客的想法，知道顾客在使用中的感受，这有利于导购员接下来继续推销商品。

一位顾客走到柜台前，说："我可以试用一下这个粉底液吗？"
导购员："当然可以。"
说着导购员拿出试用装递给顾客。
顾客拿起试用装抹在了自己的脖子上，照着镜子看了看，显出很满意的样子。
导购员："这款粉底是我们这里的明星商品，很多顾客喜欢这款粉底。"

"这款粉底是我们这里的明星商品，很多顾客喜欢这款粉底。"这句话听起来没有问题，但是顾客已经选择尝试商品，就说明她对商品早有了解。导购员说这句话无疑是浪费口舌，多说了一句废话。

正确回应是："这款粉底一直很受欢迎，不知道您是否喜欢这款粉底的妆效？"先向顾客介绍粉底，之后询问顾客的感受。

04 给顾客一个购买的理由：邀体验谈感受

▷ 实战锦囊

为什么要让导购员去询问顾客商品的使用感受，这是因为当顾客在试用商品时，随时会在心里给商品打分，这方面可以得几分，那方面可以得几分。顾客愿意有这样的导购员，在自己尝试时询问自己的感受，就像朋友之间对第一次使用的商品进行吐槽一样。这比在旁边一直不停宣传商品内容的导购员要好很多。那么，导购员在询问过程中需要做到哪些，才能让顾客满意呢？

（1）询问顾客要成为销售中的常见沟通方式

顾客试用商品，导购员站在旁边一句话也不说，或者一直说着与顾客不相关的事情。这会导致顾客尴尬，气氛不融洽。导购员要适当询问顾客的感受，把它提到销售日程中，即使导购员没有刻意去记这些问题，也能随口说出，这会让顾客感受到导购员的用心，意识到导购员是在认真倾听顾客的意见。在询问的时候也要注意问下列问题："商品使用的怎样？""舒适吗？""功效方面适合自己吗？"

（2）顾客在试用时要进行指导

导购员要清楚地让顾客知道在自己的指导下，能够更好地认识商品的特质。所以顾客在试穿衣物或者是尝试试用某件物品时，导购员要积极地进行指导。不仅能立刻为顾客解惑，而且能增强顾客的信心。比如当顾客问出："这件衣服材质摸起来为什么这么像塑料？"时，导购员可以说："这是设计师特意设计成硬材质的感觉，穿在身上才会更加有型。"快速为顾客解惑，为顾客试穿进行引导，继而再进行商品体验的问候。顾客在导购员的引导下，没有办法说不好，甚至会向导购员说出超过自己体验值的商品试用感想。

（3）询问顾客商品的使用感受，并且满足不同顾客提出的不同需求

每个顾客需求不同，有人想买肥大一点的，有人想买瘦一点的；

有人喜欢热的，有人喜欢冷的。

正确的做法是：当顾客知道自己想要什么商品时，导购员就要及时问出顾客的需求，并且在销售中满足顾客的需求，寻找符合他们的商品。

（4）除了满足顾客对商品的需求，也要让顾客对服务满意

导购员在询问顾客商品的感受和满意度时，不应该只注意顾客对商品的诉求，同时还要兼顾对顾客的服务态度和服务内容。当导购员的服务令顾客满意，顾客甚至会因为这样优质的服务多买几件商品。所以，当顾客提出疑问时，导购员不要做出不耐烦的表情。或者当导购员询问顾客商品怎么样，顾客回应之后，导购员只是微微一笑，却不给解释。这给顾客的印象不会太好，优质的服务态度需要导购员全面地解答顾客的问题。

在顾客试穿后，导购员一定要询问顾客感受。一方面体现出自己的专业度，另一方面让顾客感受到自己在导购员面前的存在感。值得注意的是，在顾客说出感受之后，导购员要立刻回应顾客。如果导购员态度冷漠或者传达给顾客一种懒得回应的感觉，这是不对的。导购员应该积极地告诉顾客适合的商品有哪些，以供顾客参考。

将商品优势与顾客本身相结合

有些导购员懂得如何把商品的优势同顾客自身的需求结合在一起。这样的导购员与其他导购员不同的地方在于他们能够把更多的商品卖出去，让更多的顾客喜欢他们。这是因为，这类导购员能够在夸奖商品优点同时夸赞顾客的优点，并且把顾客的优势说得同商品一样好。

导购员："您好，您看的这条牛仔裤很适合您，您试穿一下看看？"
顾客："我穿会不会显胖啊！"
导购员："不会的，您看起来这么瘦。"
顾客："都说柜台和回家看到的效果差很多，万一回家再看不喜欢怎么办？"
导购员："您说的我不明白，您试好以后怎么会不喜欢呢？"
顾客："我看这条相似的裤子有很多家卖，你家卖得最贵。"
导购员："我们是大牌子，不知道您说更便宜的是哪家店铺？"

"不会的，您看起来这么瘦。"虽然夸赞了顾客，但是没有说出商品的优势。

正确回应是："这款裤子穿上非常显瘦，况且您也不胖不是吗？"

"您说的我不明白，您试好以后怎么会不喜欢呢？"当顾客提出担心买回去会后悔的话，导购员就要用专业的回应方式来安慰顾客。

正确回应是："这个您放心，您穿出来的效果和镜子里的效果是一模一样的。况且您要是购买后不满意，15天内可按照90%价格退货。"

"我们是大牌子，不知道您说更便宜的是哪家店铺？"顾客问出比别家贵的问题，导购员就要把商品的优点和顾客的优点结合，让顾客感受到自家的商品比别家更有优势。

正确回应是："我们牌子价格虽然比其他店铺稍贵，但是我们是料子用得最好的一家，你刚才也试穿过，想必感受过裤子的质量，一分钱一分货。我敢打保证，这是您一路逛下来试过最舒服的一条牛仔裤，您觉得呢？"

▷ 实战锦囊

当我们知道这位顾客需要并适合这款商品时，导购员需要做到及时抓住商品的优点进行说明。导购员让顾客感受到商品的优点，并且能从商品中获得更多的好处。在顾客试用商品的同时，导购员要鼓励顾客发现商品的美，鼓励顾客购买，这样销售商品才会更加顺利。

（1）将商品优势和顾客本身结合，就要了解商品与顾客

导购员想要凭借商品的性能吸引顾客的注意，就要了解商品，了解商品的优势，学习商品有关的知识。在向顾客介绍商品的时候，要懂得适时向顾客推荐商品的好处，根据不同顾客的需求，使用不同，把商品不同的优势展现出来。并且满足顾客内心深处的需求着重攻陷，让顾客对商品的认识加深，帮助顾客更加喜爱这款商品。

（2）让顾客看到商品对自己的好处

能够吸引顾客来购买商品的原因，无非是商品能为顾客带来好处。导购员向顾客推荐商品时，能够让顾客认为这件商品确实能为自己今后的生活创造价值，那么顾客就有很大可能选择购买。

04　给顾客一个购买的理由：邀体验谈感受

导购员可以从商品独有功能、商品的价格优势、商品的优惠政策优势、商品的利用价值等方面有选择地进行讲解，让顾客快速意识到这款商品与其他竞争对手不同的地方和独特的优势。一般顾客很喜欢讨价还价，货比三家，当顾客看到同样一款商品，这家商店能给自己带来更多利益时，顾客会很愿意来这里购买。

（3）寻找商品与顾客之间有连接的优点

导购员向顾客推荐一样商品时，不要把商品的所有性能和有用的价值完全告知对方。导购员要学会在顾客面前推荐属于顾客的商品类型，以能够体现顾客自身优势和魅力的商品优点为主体，并且用简洁明了的语气向顾客阐述商品的独特魅力。

比如："这件外衣和您的肤色很搭。""这台车很适合您这个年龄的人开。"等，寻找能与顾客连接的商品优点，并且快速寻找话题。

在阐述商品的优点时，导购员不要忘记把顾客放在商品使用者的位置上。无论导购员怎样解说一件商品的好处，它最后的作用都是用在顾客的身上。所以导购员在讲解商品时，一定要注意不要忽视顾客，把顾客融入进来，带领顾客进入商品使用的氛围里，告诉顾客能在商品中享受到什么样的服务。

顾客试用后不满意该怎么办

导购员在销售一件商品时，一定会出现这样的场面。

在迎来一位顾客时，导购员走到顾客面前。"欢迎大家免费品尝！""大家体验一下，不好用不要钱。"虽然这是一个很好的销售手段，但也有不少销售人员在这个阶段丢失大部分的顾客。这些顾客有的是因为对商品不满意，挑剔起来，而导购员又不知道对顾客的挑剔做出什么样的回应；最后顾客在不满意的气氛中离去。

顾客："我可以试一下这款手提包吗？"
导购员："当然可以，这边有镜子您看一下。"
顾客走向镜子左看看右看看。
导购员："这是今年新款小牛皮材质，这上面丝印徽标，内置两个小夹层，里面是小羊皮衬里。"
顾客："我背着有点花。"
说完放下手中的包，要走出商店。
导购员连忙说："您是想诚心购买吗？咱们价格可以商量！"
顾客："不不，感觉不太适合我。"

"您是想诚心购买吗？咱们价格可以商量。"顾客还没有问出价格，导购员直接就给顾客降价，会给顾客一种莫名其妙的感觉。而且顾客

04 给顾客一个购买的理由：邀体验谈感受

会认为这种一上来就与自己谈价格的导购员是瞧不起自己，认为自己消费不起。导购员这样的回应会引起顾客的反感，反而弄巧成拙。

正确回应是："您和这包很搭，只是您以前不经常买，导致第一次看不太适应。""您如果不满意，可以看看其他款式，我们这还有很多素色的包，很适合您。""我觉得您背这款很搭，完全不花，不知道您对这包哪些方面不满意呢？"

▷ **实战锦囊**

顾客在试用商品后，仍对商品存有不满是十分常见的事情。大部分的导购员都经历过这样的时刻，那么导购员应该怎样做，才能让已经试用过还不满意的顾客回心转意呢？听起来好像有些困难，但是只要找到合适的话术，即使不满意的顾客也能回心转意。

（1）**质量没问题，顾客埋怨样式**

"这顶帽子质量倒是很好，可是戴上看简直太土了。"总有这样的顾客发出疑问。这时导购员不要立即反驳顾客的观点，而是先询问顾客想要什么样式的，直接问顾客的要求。"那么您想要一顶什么样的帽子？"找到与顾客理想中的样式匹配的商品后，再去与顾客详细介绍商品，把对方的注意力吸引过来，安抚对方情绪。

（2）**商品有问题，顾客不满意**

顾客在体验商品时，有些顾客会很仔细地检查商品。比如"你这上面的玻璃都刮花了。""这表面全是水渍，谁会买。"面对这样的指责，导购员切忌推卸责任，要直面商品问题，及时向顾客道歉。并且立刻给顾客拿出一款完好无损的试样装，向顾客解释"这款商品是试样装，您买回家的肯定是全新的商品"。

（3）**商品有缺点，被顾客发现**

面对商品的缺点，导购员懂得弱化他们。比如：一位顾客选购商品，虽然质量方面没有问题，顾客却开始挑剔商品的其他缺点。"这个空气加湿器的工作效率会不会慢了一点，怎么一点反应都没有。"面对这样的挑剔，导购员要自圆其说，弱化缺点，增加它的优势，"这款加湿器是特意做成这样的，为了给人体的呼吸道一个很好的适应过程。"当顾客知道这些缺点其实是商品的优点时，就会换一种方式看待它们。

（4）顾客为了减价，挑剔商品

一些精明的顾客见到商品的价格不如自己预期的便宜，故意找商品的麻烦，一会说质量普通，一会又说样式一般。年轻的导购员面对这样的顾客通常会选择降低价格，让顾客立即购买。这虽然成全了顾客，但是导购员自己却少了利润。

正确的做法是：当导购员看见一位顾客不停地挑剔商品不好，又一直观望商品，迟迟不走，就说明这位顾客在骗自己。这时候导购员不仅要同顾客详细讲解为什么商品制作成这样，还要说出更多商品的优点，让顾客认为自己花这么多钱买是很值得的。

顾客试用后因不满意立刻提出自己的质疑时，导购员不要慌张，而是选择解决问题的策略和方法。顾客有什么问题就要及时解决，商品有什么样的问题就要及时向顾客交代。不拖沓、不遮掩、不害怕承担责任。越是棘手的问题，导购员越要镇定，积极地寻找解决问题的办法。顾客看见这么镇定的导购员，也会认为这些问题只是小问题，很快就会被解决。

用"免费的午餐"促销

每一个消费者都爱占便宜,导购员可以利用这一点,引导顾客前来购买商品。假如有一位顾客无缘无故获得免费的午餐,他们会因为这一次的免费午餐产生好心情。顾客会更愿意在这个地方多停留片刻,此时导购员再去推荐商品,一些顾客会愿意倾听。

顾客:"这款靠枕怎么卖?"
导购员:"原价200元,不打折。"
顾客:"我买两套能便宜点吗?"
导购员:"真的不打折,这个我也没办法,公司就是这么规定的。"
两个人争论了半天,也没有讲出顾客满意的价格。
这时候,顾客拿起手边的一块免费糖果放进嘴里。
顾客:"这是什么牌子的糖?还挺好吃。"
导购员:"这是我们免费为顾客提供的,牌子不太清楚。"

"这是我们免费为顾客提供的,牌子不太清楚。"当顾客还在讨价还价,导购员可以给顾客一些小利益来讨好对方,比如赠送一些小礼品。所以当顾客问糖果是什么牌子时,导购员可以换一种回应方式。

正确回应:"这是我们公司为顾客特意准备的糖果,你喜欢的话,我们成交后送您两包。"当顾客听到导购员这样回应自己,可能会因为导购员的慷慨而选择购买商品。

> **实战锦囊**

导购员在做促销活动时,需要利用免费吸引顾客。在做促销活动前的准备时,导购员面对顾客时需要说到的话术都要提前预习,下面是导购员在利用免费做促销时要注意的几个要点。

(1)做免费促销前的准备工作

提前通知老顾客,商场要做促销活动,除了让老顾客再次购买,还能带动商店的流量,吸引更多的新顾客。做好门面的装饰,在商店的窗户和门旁做好广告,告知附近的顾客,这里在做促销活动。加大力度做好品牌的宣传,明确标识品牌的名字,方便顾客记住,以便提高顾客二次购买的概率。

提前做好促销方案,促销时需要的货品量,人力,资金。导购员除了商店的考核也需要给自己制定销售指标,以激励自己完成更多的销售量。

(2)销售中免费午餐的准备

销售中顾客一定会要更多的优惠。所以,如果有些店铺没有赠品的话,导购员要提前向顾客说明情况。比如:需要购买多少商品才能提供赠品;需要办理多久的会员卡才能拥有赠品等,这些都要一一标明,以免造成不必要的误会。

在向老顾客提供赠品时也可以做出对自己有利的决策。比如:一位老顾客多提供一名新顾客就能获得双份赠品,以这样的方式进行促销,往往能达到事半功倍的效果。

(3)选择促销品的方式

导购员在做促销时也要选一款主促销品来加大力度推销,选择一款跟组合促销比分散促销更加能获得利润的商品。不仅如此,导购员还要选择一款商品作为特价商品进行售卖,这款商品更容易获得人们

04 给顾客一个购买的理由：邀体验谈感受

的关注，不仅可以提升销售份额，还可以增加顾客的停留概率，以便顾客购买商店里更多的商品。

（4）促销过程中需要的话术

面对过多购买促销商品的顾客，导购员除了高效率的工作外，还要注意调节自己的心态。某种商品没货时，导购员也不要慌张，有什么商品就给顾客推销什么商品。不要给顾客一种商品已经卖完的感觉，这会流失掉一部分顾客。

在顾客询问商品的促销情况时，一定要对答如流。什么商品在促销、价格多少、购买满多少赠送什么，都要一一记住。在紧张的促销环境中，如果导购员对一件商品的问题犹豫或者说错价格，都会流失顾客。面对促销环境的喧扰，顾客不可能给导购员更多的时间纠正错误，所以他们只能走掉，到别的商店购物。

当很多位顾客询问导购员问题时，导购员快速地解决问题的办法是让顾客感受商品的价值，就是让他们亲身体验。如果有一款食品促销，就让他们试吃；一款衣服促销，就让他们去碰触衣服的质感。让顾客快速体验商品的质量。

（5）选择主促销物的附属品

导购员除了要选择一款主促销品进行促销外，一定要附加一款商品进行二次销售。在促销阶段，如果顾客在促销中只买洗发水的话，导购员所得的利润就太低了。这时候就要拿出一款连带商品进行推销。比如：购买两瓶洗发水送一款护发素，买一瓶洗发水护发素半价。一定要让顾客购买更多的促销商品，连带销售，以获得更多的利润。

在促销时，导购员打着免费午餐的宣传口号吸引顾客前来选购商品，同时加大力度销售主打商品。在顾客购买时推销更多的附属商品，让顾客购买更多的商品。只有这样，导购员在做促销活动时，才能给店铺带来更多的利润回报。

05

让价格不再成为障碍：巧议价诚相待

顾客进门就问价格怎么办

相信作为导购员，一定经常遇到这样的顾客。他们上来并不是先看想要买的商品，而是直接指着一件商品问什么价格。当然这也很正常，因为对于很多人来说，之所以会选择购买，就是为了物美价廉。

先问价格，当价格在自己的承受范围内再往下询问别的，或者亲身体验。也是节省了彼此的时间。如果看中了，对这件商品的各个方面都非常满意，到最后一问价格，超出了自己的预期，就浪费了大把的时间。因此，很多顾客都会选择先问价格，然后再去了解商品。

导购员："欢迎光临。"
顾客："这件裙子怎么卖？"
导购员："这款是新款正在搞活动，打完折500元。"
顾客："太贵了，能不能便宜点？"

在购买商品前，有很多顾客就很了解商品，甚至关注了很久。顾客在很多店铺看过，对价格非常了解。因此，进店以后就直接问价格，毫不避讳。目的就是和导购员打听价格，试图压低价格。此时导购员说"这款是新款正在搞活动，打完折500元。""您最低给多少钱？"这样的回答，正是顾客期待的回答，因为顾客可以趁机要求降价。如果导购员不答应顾客，或者看出导购员不情愿降价，顾客就不会购买商品，转身离开。

如果顾客进门就问价格，导购员可以说："裙子适合自己才好，您先穿上试试，看上了再谈价格。""您这气质，穿上这条裙子一定更好看，不要太在意价格。"等类似的话语。

▷ 实战锦囊

面对这些一进门就问价格的顾客，导购员应该怎样去做，怎样去说，才能赢得交易的成功呢？一般有以下两种比较有效的方法。

（1）绕路法

俗话说"条条大路通罗马"，但是直奔目的，选择最直接、最短的线路，往往达不到最好的效果，甚至会以失败告终。这时，不应该急于求成，应该选择绕路而行。

一般来说，既然顾客一进门就问价，肯定是对商品喜欢。因此，不要直接跟顾客谈价格，要慢慢提高顾客对这件商品的占有欲。跟顾客沟通商品的质量和店铺的服务，吸引顾客的注意力。当顾客了解到这些以后，自然更容易接受价格。

（2）铺垫吸引法

绕路法适合一部分人，对于有些人来说并不适合。

顾客问："这件衣服最低价格是多少？"

导购员："衣服只有合身、好看才最好，您不妨试试看。"

顾客："不用试，你就直接说最低价格是多少吧。"

导购员："您看着布料跟那一款有明显的不同，您可以摸摸看。"

顾客："别说这么多，就直接说最低价格就行了。"

这种对于商品什么都不关注，一心只谈价格的人。明显绕路法不合适，走不通。这时，导购员就要直奔价格这个主题了。首先要进行有用的铺垫，铺垫要经过四个步骤：抬高顾客身价、讲商品的优点、

05 让价格不再成为障碍：巧议价诚相待

报价格、询问支付方式。

一般的顾客实在追问价格不放的话，导购可以说："我真的佩服您的眼光，这件衣服是现在最流行的了。使用的纯棉的材料，穿着特别轻薄舒适。现在打九折，优惠后只卖800元，特别实惠。您看您是使用银行卡、还是快捷支付呢？"

有很多人不理解，既然顾客没有说要买，导购员说支付方式有必要吗？答案是非常有必要。因为，顾客既然非常执着这件商品的价格，必然是关注很久了，或者是一眼就看上了。大多数不爱逛的男士，都是直接问完价格，觉得合适的话，就直接付款了。

为了再占一点小便宜，当顾客答应购买后，往往会说："能不能再便宜点？"导购员就要明白这是顾客进一步试探，想要得到一点优惠，可以或者不可以都行。这时，为了百分百确保顾客购买，只要再送一点小礼物，就能让顾客直接付款了。

顾客一进门就问价格时，只要抬高顾客身价、讲商品优点、报价格、询问支付方式，50%的顾客都会选择直接付款的。

让顾客认识到一分钱一分货的道理

决定一件商品价格的因素，取决于原料价格、公司品牌、人力成本、市场需求，等等。而对于顾客来说，购买商品的需求也不同。但大多数人都希望花更少的钱，买更好的东西。这就违背了"一分钱一分货"的道理，是不符合市场规律的。而导购员的职责就是让顾客明白，"一分钱一分货"的道理。

导购员："您好先生，有什么可以帮您的？"
顾客："你好，这双鞋怎么这么贵啊。"
导购员："质量不同，价格自然也不同了。"
顾客："好吧，那我再去看别家的吧。"
导购员："好的，欢迎下次再来。"

在顾客眼里，"一分价钱一分货"这个道理在脑子里面是存在的，之所以不想承认，是因为想要花更少的钱买到更好的商品，有些顾客对于一些商品的用料和质量不了解。比如：顾客想买手机，但是不了解其中的硬件配置，外观看起来差不多，就认为它们的价格是一样的。

当顾客不了解关于商品质量上的问题时，导购员只是模糊概念，说"一分价钱一分货""好货价格自然贵了"之类的话，顾客自然是

05　让价格不再成为障碍：巧议价诚相待

不会买账的。有的顾客反问到："怎样才能证明你的商品就是比别人家的好呢？"

这时，导购员可以说："这是生产厂家给我们的授权书。""您可以摸一下这双鞋的用料，感受一下，跟您穿的有什么不同？"

▷ 实战锦囊

怎样才能让顾客真正认识到"一分价钱一分货"的道理呢？

（1）谈品牌

品牌对于商品的影响是很大的。大多数人买东西，心中都有这样的概念，大品牌质量就是好。在这种思想深入人心的社会，导购员不打这副牌显然是不明智的。在大家的眼中，大品牌往往比一些小品牌用料更好，做工更精细。事实上大多数也是如此，只要顾客听说过这个品牌，就能产生品牌效应。

导购员往往也会遇到这样的问题，虽然自己卖的东西很好，品牌也比较可靠或者干脆是国外的品牌。但是顾客对这个品牌根本就不了解，这时的导购员就可以用类比的方法向顾客解释。当顾客问："你们这个是什么品牌啊？"时，导购员可以说："我们这个品牌很值得信赖，由于不爱打广告，您可能不知道。但是我们这个品牌就相当于手机界的苹果公司"。

在这样的类比介绍下，顾客就能知道商品的品牌价值。同时也能帮助顾客理解"一分价钱一分货"的道理。

（2）介绍用料

专业的知识往往是说服别人的有力工具，导购员要学会充分利用这点。当顾客对商品的质量产生疑问的时候。比如有的顾客说："你说你们的商品质量很好，所以价格也相对贵点，那么具体好在哪里呢？"

这时，导购员就需要讲到商品的用料等，用专业的知识让顾客明白具体好在哪里。比如可以说："这款平板电脑首次采用了 7nm 芯片制成 CPU，耗电量更少，而计算速度会更快。打开 app 的速度会提升很多，你可以感受一下。"

当然，不能死板，只列举数据或者运用非常专业的术语，没有通俗的话术，不专业的顾客听不懂，心中自然就没有什么概念了。在跟顾客讲专业知识的时候，要把专业知识和通俗解释结合起来。既显示出导购员的专业，又能让顾客听明白商品具体优势在哪里。这样就可以让顾客懂得"一分价钱一分货"的道理。

（3）对比

"没有对比，就没有伤害。"说的就是只有经过对比才能感受到真正的差距，几乎所有的商品都适用这一标准。通常顾客不相信"一分价钱一分货"，就是因为导购员拿好的商品跟质量不好的商品进行对比时，顾客大多数对比的只是表面上的东西。比如只要衣服款式相同，基本上看着都一样。

而导购员可以站在更高的角度，将商品进行深入对比。以介绍自家商品的用材和竞争厂家商品的用材为例，自家商品的用材是纯棉，竞争商品的用材是 90% 棉 +10% 化纤。接着进行对比介绍，纯棉质地更加柔软，清洗多次后依旧保暖。然后，再让顾客亲身感受一下二者的手感，让顾客分别摸一下两款商品，感受一下是不是纯棉的材质更加柔软。

在对比和真实感受下，相信很多顾客都能分辨出哪个好，哪个不好。这时，导购员再说出"一分价钱一分货"的道理，顾客就会欣然接受。

要想让顾客相信"一分价钱一分货"这个道理，导购员不要直接说出来。这样反而不能起到理想的效果。导购员要慢慢来，通过介绍商品的品牌、质量、材质等影响因素进行对比，让顾客真实感受到二者的差别。达到即使导购员不明确地说出二者的差别，顾客也能自己明白的效果。

顾客说太贵了怎么应对

很多导购员会遇到这样的情况，明明跟顾客谈得好好的，顾客也对商品比较满意。但顾客问了价格以后，就会对导购员说太贵了，要再考虑考虑。当导购员听到这句话后，应该怎样应对呢？

导购员："欢迎光临，有什么可以帮您吗？"
顾客："我想买一个墨镜，有哪一款可以推荐吗？"
导购员："跟我来，您看这一款怎么样？"
顾客："好的，就要这一个了，多少钱？"
导购员："150元。"
顾客："你们店卖得这么贵啊。"
导购员："我们家卖的这个牌子非常有名，所以比较贵。"
顾客："能不能便宜一点？"
导购员："价格是我们老板定的，我也没有办法随便更改。"

如果导购员以"价格是我们老板定的，我也没有办法随便更改。"这样回答顾客，显然是价格已经没有回旋的余地了。大多数顾客询问一件商品的价格时，并不是因为真的认为它太贵了。通常当顾客询问商品的价格或者看到标价以后，他的心里就已经有一个大致价位了。他们已经判断出对自己来说这件商品是不是能够消费得起，是不是真的太贵了。

顾客之所以会说出"这件商品太贵了"这句话，十有八九是一个意思，想讨价还价，尽量压低价格，然后再购买。当导购员明白顾客这番心思后，千万不要自乱阵脚，为了增加顾客购买的概率，私自决定给顾客降价。

如果导购员迫于顾客的压力说："您先别急，您要是真心想买的话，我可以给您降价的。"这样的话一说出口，正好落入了顾客的"圈套"，顾客就再等这一句话。当顾客听到这样一句话后，就明白价格肯定有商量的余地，而且商量的余地还是比较大的。

利用导购员这个弱点，顾客就会再一次压价。顾客会说："你看能给我降多少呢？"这样，导购员就必须要说话了。如果导购员说最低多少多少，这时，顾客就会继续压价说："刚才还说你能给我便宜一些，现在便宜这么一点，根本就算没便宜吗？再优惠点，我就直接要了。"

在这种情况下，导购员就是自己给自己出难题，到底降多少呢？一旦说不好，顾客立马就会翻脸说："我也不在乎你给我便宜的这点钱，你这样的态度，实在让我接受不了。"直接扭头走了。

遇到这种情况，导购员可以说："您先别急，我先给您介绍下这款商品。""先生（女士），您可以先试试，感受一下我们商品的质量。"

▷ **实战锦囊**

本来想导购成功，但是不但没有达到目的，导购员反而得罪了顾客，这就得不偿失了。那么，对于那些说"太贵了"的顾客，导购员应该怎样应付呢？建议尝试下"NFABE流程"。

什么是"NFABE流程"呢？其实它是通过四个环节，对消费者的诉求进行全面解答，最后实现把商品销售出去的目的的一个过程。

其中F（Features，特性）指的是销售的商品拥有哪些特质和特性；

05 让价格不再成为障碍：巧议价诚相待

A（Advantages，作用），从特性引发的用途；B（Benefit，好处）对顾客产生的好处；E（Evidence，证据）说出让顾客信服的证据。

最重要的是N（Need，需求），加上这个才能形成一个完整的流程。这一套流程下来，就能让顾客明白商品贵是有它的道理的。

顾客要买一件非常漂亮的晚礼服，但是一看价格，就直接对导购员说"这太贵了"。这时，导购员首先要分析顾客的需求。假如买晚礼服的话，顾客肯定是去参加宴会的。因此，对于晚礼服的需求是迫切和必要的。所以，导购员可以对顾客说："这件晚礼服是著名设计师设计的，用的材质也非常好，非常适合您的特质。穿上这件晚礼服，充分显示出您高贵美丽的气质。"

然后，拿着晚礼服的照片让顾客看别人的试穿效果，并且说哪些明星参加什么晚宴穿的就是这一款，您也可以穿上试试看。

当"NFABE流程"走完后，顾客感受到了商品的价值，就会感到花这样的价钱是值得的。尽管商品确实有点贵，但是顾客也会欣然接受。

在看到商品的时候，大多数顾客总是会说太贵，就是感觉商品不值这个价格。那么对于导购员来说，任务就是让顾客明白商品这么贵是值得的，这样顾客就会接受"高价格"了。

换位思考法，让顾客感觉你让步的难处

俗话说：最好的交流方式就是换位思考。对顾客和导购员来说也是如此，在顾客向导购员无限压价时，一步步的退让只会让导购员感到为难。这时，如果顾客能换位思考，考虑到导购员也是一个服务者，不是老板，他让步也很为难时，顾客就不会再进一步压价了。这样双方就能在一定范围内达成一致，最后双方对成交的订单都感到满意。

导购员："先生您好，有什么可以帮您的吗？"

顾客："这款手表我非常喜欢，能不能给我便宜一点，我帮你们宣传下，拉几个朋友。"

导购员："我非常感谢您的宣传，但是这款实在是不能再便宜了，这一款是全国统一价最低价了。"

顾客："什么最低价啊，我看还能继续降。"

顾客看到一件自己喜欢的商品，却得不到自己理想的价格时，就会向导购员不断施压，想要导购员降低价格。此时导购员也明白，如果一旦降低价格，顾客就将一次又一次地要求降价。而导购员如果说"这一款是全国统一价""本店不接受还价"或者"这是最低价了，爱买不买。"等话，就等于直接拒绝了顾客。

05　让价格不再成为障碍：巧议价诚相待

只要这些直接拒绝顾客的话一说出口，顾客的态度就会发生变化，立刻表示不要了，然后离开。因此，在已经知道顾客对商品非常喜欢后，导购员不要直接说不能降价，这样会赶走顾客。导购员可以说"您稍等，我帮您问一下我们店长。""您理解下我们，实在是不能再便宜了，否则我们只能赔本了。"

▷ 实战锦囊

换位思考，顾客和导购员站在对方的立场上，想着对方的难处。在压价的过程中，既交流融洽，让顾客满意，又不至于让导购员陷入尴尬的境地。具体应该怎么做呢？

（1）言语提示法

众所周知，一般演员都是只负责演，后期要请专业的配音演员进行配音。为什么这么做呢？因为配音演员精心配的音，更有吸引力、更具表达力。通过话语的音调和感情的投入，帮助演员表现出应有的感情。

对于导购员来说，遇到顾客压价，实在没有办法招架的时候。就要充分利用语言提示法，用带有为难感情的语言和表情来提示顾客，自己非常为难，希望顾客能够体谅一下。

比如顾客问："还能不能再降价了？"实际情况是不能再降了，导购员就可以说："我已经向上级申请过了，尽可能帮您压低价格，只能帮您降这么多了，我的权限也只有这样了。"当顾客感受到导购员的真心和诚意后，就会换位思考，想到导购员尽心尽力地帮了自己这么多，也就不会再为难他了。顾客便不会再讨价还价，而是选择购买商品了。

（2）类比讲述法

俗话说：不是自己亲身感受，是不会有深刻体会的。只有让顾客体会到导购员的难处，才能真正理解导购员所处的境况。怎样才能让顾客体会到呢？

　　这就需要了解顾客是做什么的，然后进行类比。比如导购员可以问："您是做哪一行的？"顾客说："我是一家公司的会计员。"这时，导购员就可以拿会计员这个工作举例子，让他感受一下，"公司一个员工出差一天，报销的金额竟然达到了2万元。您发现报销费用跟实际情况出入很大，显然不符合事实，调查后发现确实存在问题。于是，您决定让这个员工退还一部分，可是他总是说能不能少退点，这时您心里是怎么想的？"举一个顾客能够体会的例子，让顾客身处其中，在体会了这种感受后，顾客就能明白导购员的无奈。

　　总的来说，不能由着顾客的性子来，这样只会让他们得寸进尺。要让他们换位思考，体会到导购员的无奈，适可而止。

老顾客要求优惠如何处理

有一部分顾客，为了得到优惠的价格，往往会选择冒充老顾客。对于导购员而言，老顾客的购买力非常重要，正是由于这部分人稳定的购买，才保证了销量。因此，千万不能随便得罪他们了。

当然，一般冒充老顾客的人不会很多，导购员不要直接拆穿他们，给他们留点面子。大多数老顾客还是值得信任的，对于这部分人尽量应给他们优惠。

导购员：''欢迎光临，先生需要哪一款茶叶？''
顾客：''一直都是那一款，我是老顾客了。''
导购员：''好的，给您。''
顾客：''怎么涨价了。''
导购员：''哦，先生最近茶叶市场供求紧张，都涨价了。''
顾客：''你看我都是老顾客了，能不能还按照原来的价钱给我？''
导购员：''您是老顾客，每次给您报的都是最低价啊。''

老顾客再次光顾本店，不但是对商品有需求，更是对店铺的信任。信任的产生是需要很长时间的，也就是让新顾客变为老顾客需要很长时间。而销售靠的就是稳定的盈利，那老顾客的重要性就不言而喻了。

导购员不能说：''每次都是给您的最低价。''这句话会刺痛老顾客的心，因为他们往往就是因为想得到一点优惠，才说出自己是老顾客的。因此，导购员要避免说类似的话，也不能说："我怎么没见过您。"这是对老顾客的怀疑，即使是冒充的，直接拆穿，也会让顾客的面子受到很大的损失，直接离开，这样就失去了一个顾客。如果真的是老顾客，他会觉得你是在为不想降价找借口，感觉你比较虚伪，不愿与你进一步交流。

更不能说："老顾客应该知道我们不降价的规矩。"这样一句话彻底没有商量的余地，那老顾客也没有再说下去的理由。试想老顾客心里会舒服么？

导购员可以说："真的是不好意思，这次店里没有活动，下次有活动立马给您留出一份。您看好不好？""您是老顾客了，感谢您一直对我们商品的信赖。相信您也感受到商品的质量，以及我们的信誉了。市场供求紧张才会导致价格上涨，这只是一时的，相信很快就会降下来的。到那时，可以给你适当降低价格，相信在这个时候，您不会让我们赔本卖吧。""这次到的茶叶非常新鲜，口感一定比您平时喝的要更好一点。如果您嫌贵的话，先少买点，如果不买的话，很快就会卖完了哦。"等。

> **实战锦囊**

相对于新顾客来说，老顾客对于商品质量的认可度是比较高的。因此，老顾客的购买力比较高，而新顾客往往对于商品不太了解，通常会抱着试一试的态度，购买力比较弱。并且老顾客在感受到商品的质量和店铺的信誉后，会向周围的朋友、亲戚推荐，这样就起到了免费宣传的效果。

无论是在任何时候，新货上架、促销等，老顾客都会毫不犹豫地选择购买。由此来说，老顾客非常重要，导购员不能忽视他们。

05　让价格不再成为障碍：巧议价诚相待

那么，当老顾客想要优惠时，我们应该怎样应对呢？

（1）表示感谢

很多时候，老顾客要求优惠时，真实的目的并不是贪图小便宜。往往是想试探一下导购员对他们的态度，老顾客心里总有一种优越感，认为既然常来买，一定会有特殊优待。

作为导购员要清楚老顾客的这种心理，特殊对待他们，说一些感谢的话。比如："感谢您长久以来对我们的支持，同时我们也准备了针对老顾客的特殊优惠政策。"让老顾客充分感受到特殊对待，从而得到他们的认可。

（2）讲明实情，请求原谅

信任是建立在互相了解的基础之上的，想要取得老顾客的信任，就让他们明白不是不给他们优惠，是没有办法。这就需要讲明实情，敞开心扉。比如："我们非常重视老顾客，因此需要让您知道实情。不是不给您优惠，只是现在供货紧张，再加上市场竞争实在是太激烈了，您买的这款商品没有办法降价。"

在真正明白没有办法优惠的实情以后，相信老顾客就会体谅导购员的难处了。

（3）转移注意力

当老顾客把注意力都放在商品的价格上时，不妨试着转移他的注意力。说一下商品的质量和销售情况。比如："您是老顾客了，应该对这款商品的质量有了解吧，这次，到货的并不多。昨天一天就卖一半了，明天估计都卖完了。"在听到这话以后，老顾客的注意力就会瞬间转移过来。他心里会想：要是今天不买，明天再买可能就没了。通过转移注意力，就能达到让顾客接受当前价格的目的。

总之，重视老顾客是非常重要的，不要忽视老顾客，用真诚和智慧，说服他们，让他们成为销量的保证。

把价格问题巧妙地转移到服务上

对于顾客来说，价格永远是讨论的话题。只要有买卖就有议价的过程，在这个过程中，顾客想要把价格尽可能往下压，而导购员则希望给予顾客适当的优惠后，顾客可以尽快购买，避免双方长时间的谈论，影响自己为其他顾客导购的时间。

在这种矛盾下，导购员遇到的问题就变得非常棘手，甚至对于有一些导购员来说，根本没有办法合理、正确地处理。这种情况其实是由于导购员运用的方法不对，只要使用的方法正确，以上的问题还是能有效解决的。

顾客："您好，这台液晶电视上个星期来看还是4600元，这次来怎么变成4800元了呢？"

导购员："是这样的，价格是随着市场需求变化的，市场变了，价格也就变了。"

顾客："那也不能变得这么快吧，才一个星期都能涨200元啊。"

导购员："不能再降价了，再降价，我们就赔了。"

顾客："好的，那我再看看。"

导购员："慢走。"

对于顾客来说，价格是一个很敏感的话题，导购员不要直接拒绝

05 让价格不再成为障碍：巧议价诚相待

顾客，这样会让顾客没有面子。导购员不要说："不能再降了，再降就赔本。"之类的话，这样的话在一定程度上杜绝了顾客再次压价的可能。这时导购员就需要跟顾客讲明道理，否则说服不了顾客，就不会成交。"不要就算了。"显然是导购员说的气话，但却直接导致顾客反感导购员。同样的价格，大家肯定都想买服务态度好的店铺的商品。

导购员也不能说："一般价格是不会降的。"顾客听到后只会说一句："当我没说"。然后，转身离开。

导购员可以说："不好意思，这价格实在没有办法再降了。不如这样吧，您给我们做一下宣传，我们这边免费给您提供一个礼物，您看这样可以吗？""虽然说价格不能再降了，但服务方面可以给您适当延长。一般电视的保修期是一年，我们给您按一年半时间算，有什么问题都可以给我们打电话，随时给你解决。"又或说："关于服务方面，您还有什么需求，可以提出来，我们尽量满足您的要求。"

▷ **实战锦囊**

顾客只关注价格问题时，为了达到把商品卖出去的目的，导购员是可以适当降价的。但一定要控制在一定的范围之内——有限度，聪明的导购员都会这样做的。

（1）适当、合理的降价

适当、合理的降价对在意价格的顾客来说是满意和接受。当顾客提出的价格方案得到导购员的同意并且执行后，顾客的心情是舒畅的。这就暂时稳住了顾客，让接下来的步骤容易实施了。

（2）讲明定价的原因

顾客喋喋不休地要求降价，往往是对定价产生怀疑，觉得定价定高了。要想稳住顾客，就需要让他们明白定价的组成部分。比如"我们这台电磁炉的定价之所以定为399元，是因为我们进价是299元，加上运输费用和店铺费用,以及服务费用。加起来差不多 350 元了,利润也就 50 元左右,真的没办法再便宜了。"

让顾客真正明白定价的组成,他们才会衡量压价的范围,以及导购员给出的降价区间,这样双方就形成了一定的共识。

(3)将价格问题转移到服务上面

很多人购买大的品牌商品,看重的就是服务好这一点。服务是顾客购买商品的重要理由之一,很大程度上决定着用户的体验。顾客的体验越好,顾客才越愿意购买。

通过很多尝试后,顾客还是纠结商品的价格问题时,导购员就可以将问题引导到服务上面。比如顾客说:"就不能再降一点么,只要再降一点立马付款。"导购员就可以说:"您知道别家这款商品的保修期么?"顾客说:"不是太清楚,应该是一年吧。"导购员可以说:"我们这款是两年,这样你想一下,如果这两年中商品坏了,不能保修,您省这优惠的钱能修好吗?这样算下来,您赚了。"

在这样的话术下,导购员就将顾客的注意力转移到服务上了。良好的服务,对于顾客来说诱惑力更大,因此,这是"一击必杀"的绝招。

总的来说,当价格问题无法得到良好的解决,把价格问题转移到服务上来,往往会产生奇效。对于导购员来说,一定要学会这一招。

顾客问能不能便宜点，怎么应对

在导购员跟顾客交流的过程中，价格能不能便宜成了双方交谈的重点。对于顾客来说，能够得到更多的实惠才是自己的目的，为了这个目的，他们通常会不断压价。对于导购员来说，应该怎么应对呢？

导购员："这件毛衣非常适合你，看起来真的非常漂亮。"
顾客："真的吗？"
导购员："当然是真的了。"
顾客："那这个怎么卖啊。"
导购员："500元。"
顾客："能不能给我便宜点，你也看了，我穿上这件毛衣非常合身，我是有诚意想要买的。"
导购员："不能。"

当顾客向导购员询问能不能再便宜点时，侧面意思就是我想要买。导购员要深知这个道理，懂得这个道理之后，就不要激怒顾客。如果这时导购员说："不能。"直接拒绝顾客，顾客就会因为导购员态度不好，而心情变得愤怒，这样有很大的可能打消了顾客购买商品的念头。

"顾客就是上帝"，顾客说的一切都是对的，要给顾客充分的尊重,导购员不能说:"这个价格不贵。"这种话,这句话的意思是顾客的观点是错误的,显然与"顾客就是上帝"相违背。

"不好意思,不能降价了。"这句话,虽然体现出导购员对顾客尊重的态度,表达其立场。但是过于生硬,破坏了双方和谐交流的氛围。不能温暖顾客的心,即使这次顾客因为种种原因购买了,下一次也会因为交流不畅,不愿意二次回购。

导购员可以说:"价格可以再商量,您先试一下看怎么样。""您先别急,我先帮您介绍下这件商品。"还可以问:"您以前买过这款商品吗?"

▶ **实战锦囊**

在导购的过程中,最重要的就是顺着顾客的意思往下走,导购员不要刺激和激怒顾客。当顾客特别关注价格时,导购员要避免走入死胡同,学会适当变通,将问题转移到别的方面。从而保证交流的氛围相对和谐,让顾客处于这种氛围中,很大程度上能说服顾客交易。

(1)委婉拒绝法

导购员生硬的拒绝顾客,会得到顾客的强力回击或是直接打消购买的想法。对双方都没有利,顾客生气,导购员失望。有的时候价格真是不能再降了,再降真的要赔本或者导购员没有降价的权限。这时,导购员就可以换一种友好的方式,给顾客一个台阶,不给交流造成麻烦,委婉地拒绝顾客的要求。

比如导购员可以说:"本店购买商品满1000元可以立减50元。"这样交流的氛围就不会显得那么尴尬,虽说是拒绝了顾客,但是这样的拒绝方式相对来说会让顾客舒服一点。

最后,双方在心里默契地达成协议,顾客也不会得寸进尺再要求降价了。

05 让价格不再成为障碍：巧议价诚相待

（2）刺激对比法

顾客对商品很满意，就是感觉价格有点贵，表达出只要价格稍微降一点就买的意图。这时的导购员不要着急，要想办法刺激顾客购买。导购员可以说："您可以看一下这件衣服，虽然和您想要的那一件不是同款，但价格相对便宜些，只是这个质量没有那件好。不过差不了多少，建议您买这一件。"

当顾客对比这两件的差异后，就会意识到"一分价钱一分货"的道理。同时，最重要的是心里不服气，心里会想，自己又不是差那几块钱，凭什么导购员看不起人呢？在这种心理刺激下，顾客下定决心购买商品，这就达到导购员的目的了。

总的来说，当顾客想要导购员把价格降低一点时，导购员不要直接拒绝顾客，不给顾客留面子，导致气氛变得尴尬。反而要顺着顾客的意思，巧妙委婉地拒绝顾客，再利用心理刺激，让其接受定价，从而购买商品。

顾客说他认识店老板要求便宜点

社会上的关系是非常复杂的，在导购员跟顾客沟通的时候，往往会碰到这些人。这些人为了能让导购员给自己便宜些，往往会说"我跟你们老板是好朋友，你能给我便宜点吗？如果你给我便宜点，我会在你们老板那给你美言几句。"

遇到这样的情况，导购员应该怎么办呢？

顾客："你好，你们的价格怎么这么贵呢？"

导购员："先生，您的眼光真好，这是我们店里面最好的了，因此有点贵。"

顾客："不能便宜点吗？"

导购员："先生，目前市场价格都是这样，我们也是按照市场价卖的。"

顾客："我和你们老板是好朋友，可以给我便宜点吗？"

导购员："这个价格就是我们老板定的。"

在购买商品的过程中，为了让导购员给自己降价，顾客往往会说他们是老板的朋友或者和老板认识，导购员心里要清楚，这种话有很大概率是假的，当然也有可能是真的，只是认识也分成一面之缘和关系不错两种。仅凭顾客的一面之词是没有办法判定关系远近的，无论

05 让价格不再成为障碍：巧议价诚相待

是认识还是不认识老板，导购员都不要试探顾客，甚至直接拒绝顾客的要求。

如果顾客说的不是真的，那他的目的就是想让导购员给自己降价。而导购员说："这个价格就是老板定的。"或者说："老板今天在店里也不会降价。"这样的话，明显直接拒绝了顾客的要求，顾客会非常不高兴。如果顾客真的跟老板认识，导购员这样回答，肯定会遭到顾客的激烈反驳，他们可能会说："那我打电话问问。"

如果顾客真的和老板熟识，却被导购员怼，不仅给老板造成麻烦，也让导购员处于尴尬的境地。老板得知这件事，也会怀疑导购员的能力。

导购员可以说："实在是不好意思，老板正在外地出差，暂时联系不上。""价格这方面，老板不管，是我们销售主管制定的，老板是不参与的。"或者说："抱歉，不是我不给您降价，前天的会议上老板特别讲到，任何跟店里面工作人员有亲戚关系的，都不能以这个理由降价，包括他自己。"

▷ 实战锦囊

（1）承认顾客是老板的朋友

无论顾客是什么身份，尽量给他们戴"高帽子"。让他们得意，处在兴奋中，使彼此的交流变得更加亲切。比如："您是老板的朋友，以后要是见到老板了，在他面前要给我美言几句啊。"

让以老板的朋友这个理由砍价但其实不认识老板的人，先放松下来。因为，导购员直接跟他们对峙，会让他们瞬间紧张，心虚导致他们想要急着摆脱尴尬而离开。那么，一个顾客就这样流失了，对导购员来说这是一个损失。

所以，承认顾客是老板的朋友，能立刻让顾客兴奋起来。

（2）替老板说话

在顾客确实认识老板的情况下，想要保持价格不变，就需要导购员替老板说话。如果老板知道了，想顾及自己的面子，同时又想在导购员面前体现老板的大度，肯定会答应降低价格，甚至不要钱送给顾客。

虽然表面上老板不说什么，内心肯定会记恨导购员的。所以，导购员不能让老板知道这件事，可以这样和顾客说，"您不知道，最近我们的生意非常不好做，老板的情绪也很低落，店铺已经亏本好几个月了。现在老板没有办法了，只能成本价出售，根本就不赚钱。您看您也认识老板，能不能体谅他一下。"

（3）感谢顾客到来

当导购员替老板说过话以后，顾客心里会有数。这时可以确定顾客不会再提降价的要求了，导购员就要说一些刺激顾客购买的话了。比如"真的感谢您的到来，您是老板的朋友，您要帮帮您的朋友，帮他渡过难关，这件商品也不是很贵，现在也是降价处理。"

在这样的刺激下，顾客也不好意思拒绝这个请求，大多数顾客都会选择购买的。

总之，顾客说认识你们老板，想要便宜点。千万不要服软，直接选择降价。要先给足顾客的面子，然后，倾诉老板的不易，用感情刺激顾客，让顾客购买。

不能打折的商品怎么卖

当一件商品的销量不好时,很多店铺都会选择打折这个营销策略来提高销量。这个策略非常好用,往往能取得很好的效果。很多顾客都经不住打折的商品诱惑,因为他们认为:在商品保证质量的前提下,又给顾客优惠,此时购买商品是最划算的。因此,这也是为什么商家每次打折都会成功的原因。

如果很多商家都在做打折活动,而自己的店铺却没有打折活动,顾客在购买的时候就会不满。为什么人家的店铺都打折,你们的店铺却没有打折?很多顾客都会选择打折的店铺,而不会选择不打折的店铺。

当然,并不是不打折就不能卖出去,只能说打折后商品更容易卖出去,不打折地卖出去,需要导购员使用一些话术技巧。

中秋节,很多商家都在做活动,期间推出了大量的打折商品来吸引顾客购买。

孙佳想要买首饰,于是来到一家首饰店看首饰。

导购员:"欢迎光临,小姐,有什么可以帮您的吗?"

孙佳:"我想买一个玉手镯,你能帮我推荐一下吗?"

导购员:"很高兴为您服务,您看这一款怎么样,这是我们店刚到的一批新货,质量特别好。您这么有气质,带上它一定显得更优雅。"

孙佳:"很好看,我非常喜欢,怎么卖的?"

导购员:"1800元,小姐。"

孙佳:"能打几折。"

导购员:"我们店很少做打折活动的。"

孙佳:"别的商家都在打折,为什么你们没有呢?"

每一种商品都有固定的定价,而对于定价相对合理的商品,是不能打折的。而顾客往往不知道,反而觉得定价过高可以和导购员砍价。导购员在遇到这种情况时,不能直接回绝顾客,或者说"我们很少做打折活动"这类的话,这些话会让顾客觉得导购员在敷衍顾客。而"那你怎么不买人家的商品",就让顾客更愤怒了,顾客是来买东西的,不是找人斗嘴的。惹顾客生气就是导购员对工作不负责任的体现,很多导购员长期从事导购工作,内心懈怠,也不关心顾客,甚至产生厌烦情绪。

人都会有情绪,但只要是工作就要努力去做,不能懈怠。对待每一位顾客都要认真,既不能敷衍也不能惹怒顾客,在工作中要对每一位顾客负责任。

"打折不是我们说了算"这不能成为一个合理的理由,只能让顾客觉得导购是在推脱责任。不打折总要有理由,解释清楚就行了,不要把责任推给别人,让顾客觉得你不靠谱。

导购员可以说:"一般我们的商品都是不打折的,每一家店的进货渠道和成本都是不一样的,这也是商品能不能打折的关键性因素。我们店铺的商品能保证高质量,因此您不必担心会买到质量差的。另外,虽然我们店铺不打折,但是我们有会员积分,积分可以兑换礼品,算下来比打折还要优惠。"或者"您看我们的玉镯,是由真正的上等好玉制成的。您不仅戴上好看,还能长时间使用。别家店打折,

05　让价格不再成为障碍：巧议价诚相待

虽然便宜，但如果您戴上不好看，反而影响了您的美丽形象，岂不是得不偿失？"

还可以说："虽然，我们的商品不打折，可是您可以参加满减活动，平时都是满 999 减 80，今天满 599 减 80。"

▷ **实战锦囊**

（1）向顾客解释为什么不打折的原因

当顾客询问为什么没有打折时，不要告诉顾客自己没有权利说明。先向顾客道歉，表示对此自己感到非常抱歉。然后站在顾客的立场诚恳地告诉顾客没有打折的原因，用诚恳的态度和合适的理由，让顾客相信你说的是正确的。

（2）用商品的优势来冲淡价格

对顾客来说，与商品的质量相比，折扣就会显得次要。导购员可以跟顾客这样说："我们销售的商品相对别的店铺来说，之所以没有折扣，是因为我们独特的商品质量优势。能保证商品的良好性能和美观程度，对于消费者的体验有良好的提升。顾客对我们非常信赖，只要我们打折，他们就会认为商品的质量有问题，所以我们一直没有打折活动。"

（3）分析打折的原因

同样的商品，为什么不同的店铺会有不同的价格。因为其中有薄利多销的商家，但是大多数商家只是用数字误导顾客。所以，当顾客纠结店铺为什么不打折时，导购员可以帮顾客分析别的店铺打折的原因，主动告诉顾客商品定价的因素，每个商家的定价是不同的，是因为进货渠道不同。别的店铺定价高，然后再进行打折处理，算下来还没有不打折的价格低。

还可以告诉顾客，商品的品牌是决定价格的关键因素。质量有保障的商品，一般都很少有打折处理的。相反，小品牌商品，通常质量没有保障，利润空间比较大，因此才能进行打折处理。

当顾客明白许多商家打折的原因后，就会理解和体谅导购员，同时也会增加他们选择购买不打折商品的概率。

熟人或熟人介绍的人来买东西

俗话说：人情最难还。对于很多人来说，一定要还欠了别人的人情。但是也会有这样一些人，他们特别会利用人情来为自己争取利益。导购员遇到了自己熟悉的人或者顾客说是熟人介绍来的。这时，导购员应该怎么办呢？是损害店铺利益，卖一个人情给他们，还是拒绝他们？

导购员："欢迎光临，请问您需要什么帮助吗？"
顾客："怎么这么巧，王雪，你怎么在这里，好久不见。"
导购员："你变了很多，我都没认出你来。"
顾客："是呀，都这么长时间没见了，今天来看看电脑，你能帮我推荐几款吗？"
导购员："当然可以，您看这个可以吗，性价比特别高。"
顾客："不错，可以可以。你看咱们这关系，给老朋友优惠点呗。"

对于熟人或者熟人介绍的顾客，有部分人没有原则，总希望尽可能多的占便宜。在利益面前，这些人就表现得非常无耻。若导购员说："你看着给吧。"恰好是他们最乐意听到的一句话，仿佛这句话给了他们特权，他们可以尽可能地降低定价。比如标价是500元，他们甚至可能只给200元。答应给熟人面子，自己就吃了哑巴亏；不答应的话，自己又放不下面子。最后，导购员只能选择无奈地接受顾客提出的要求。

"好说，好说，你看上哪个再说。"当导购员说这话时，顾客会觉得你好欺负。他们就会选择更多的商品，让你给他们优惠。对于爱要面子的导购员，面对这样的人，后果是灾难性的。

导购员可以说："咱们这关系，给您个最优惠的价。"这样，顾客也不好再往下继续压价，因为他已经明白给他特殊优待了，不能得寸进尺，让熟人为难。而这个优惠价导购员可以适当低于标价，但是要保证店铺仍然盈利。也可以说"按成本价给你"这样说出来什么价格就是什么价格，顾客也绝对不可能反驳，总不能让熟人亏着本把商品卖给自己。

> **实战锦囊**

俗话说：薄利多销。导购员的根本作用就是把商品尽可能快速地销售出去，并且创造更多的利润。这样在总体上才能让店铺获得最大的收益。

熟人好应对，同时也非常难缠。你给他们一点优惠，他们就会喜笑颜开，跟你关系亲到极点。一旦你得罪他们，得到的报复也将会非常严重。正因为关系好，伤害也更深。他们会对别人说，这个店铺的商品有多么多么不好，导购员是多么多么难缠。最终，在他们的误导下，就会流失更多的潜在顾客。

因此，做到尽可能不要得罪他们，具体应该怎么做呢？以下是几点可供参考的建议。

（1）直接说最低价

给予熟人优惠是非常有必要的。但是一定要在盈利范围之内，导购员要避免在谈价钱的过程中，跟熟人产生误会。比如：顾客想要价

05 让价格不再成为障碍：巧议价诚相待

格低一点，导购员就只降低一点。顾客私下觉得你们关系不错，而只降低这么一点，分明是导购员觉得你们关系不怎么好。

这样就影响了交流的和谐氛围，同时影响了你们之间的关系。所以直接说最低价，一步到位既表明了导购员对熟人的重视，又杜绝了跟顾客发生不必要的矛盾，一举两得地解决了这个问题。

（2）解释自己的为难之处

熟人来导购员这里买东西，是想通过你们之间的感情获得优惠。同样你也可以用你们之间的感情获得顾客的理解，让他们知道你的为难之处，同时又让他们感受到真的你试图感动他们，让他们欠你一个人情，等到二次购买的时候就不会压价了。

导购员应该怎么做呢？首先，打感情牌诉说你们之间的感情。比如可以说："我们都认识这么多年了，你还记得那件事情吗？既然你提出来优惠点，那当然没有问题了。"其次，向他诉说你的为难之处。比如可以说："你看我也只是一个导购员，只能给你降低这么多了，就这点优惠还是我私自超出限度给你的特价。"最后，导购员赞美一下自己。比如可以说："你看我把咱们的关系看得这么重，算够义气了吧。"

通过向顾客解释自己的难处，再卖给对方一个好处，顾客就会欣然接受了。

（3）求熟人帮忙

俗话说：拿人的手短，吃人的嘴软。但是导购员不能给熟人优惠后，自己吃亏。顾客从导购员这里获得好处后，导购员也可以让顾客帮忙，提出让他们为导购员创造价值，介绍新的顾客。

导购员可以说："你看这次给你优惠这么多，够义气吧，那你也帮帮我。最近店铺搞活动，介绍三个新顾客，赠送一个礼品。怎么样，帮我介绍几个吧，这么简单的事情，你不会不帮吧。"

虽然在熟人这里导购员让出一部分利益，但是可以从他介绍的新顾客身上再赚回来。

　　总之，熟人对导购员的交际很重要，对商品的销售也很重要。给他们让出一部分收益，可以从他们这里获得一部分新的客源，增加店铺销售额。

顾客说"超出我预算了"

在购买一件东西时，很多人心里都有一个预算，大概要花多少钱购买。当然可以适量超出或者节省。当商品的价格严重超出预算的时候，大部分人就会选择不买了。那么，导购员在遇到顾客说"超出我的预算了"时，导购员应该怎么做呢？

导购员："欢迎光临，有什么可以帮您的？"
顾客："我先看一看。"
导购员："好的，有什么不明白的随时叫我，很高兴为您服务。"
顾客："好的。"
顾客："这个手机外观比较漂亮，能不能拿出来给我看看。"
导购员："给您，您真有眼光，这一款是刚上市的，销量非常好。"
顾客："这款手机怎么卖啊。"
导购员："5300元。"
顾客："这么贵啊，超出我的预算了。"

顾客说"超出了我的预算了"，并不代表顾客不能承担起这个价格。这时顾客潜在的意思是：想要导购员给自己优惠一点，这样就在预算的范围之内了。当然，很多导购员并不能体会到顾客的这一层意思。

导购员因为误会了顾客的意思，说："这就超出你的预算范围了，我看不会吧。"这样会让顾客认为你看出了他的意图，且故意给他难堪。顾客就会产生反感心理，从而放弃购买。

导购员也不能说："那您买这个，这个便宜。"这样说，就有点看不起顾客的购买能力了。听到这话后，顾客心里自然是不舒服的，有的会立马反驳你，有的甚至恶狠狠地对你发泄心中的不满，然后放弃购买。

这两种说法显然都不得体，也是极其不合适的。

导购员正确对策是：正确理解顾客的意图；然后尝试解决，不要惹怒顾客。导购员可以说："在购买前，能提前预算是非常好的习惯。"夸赞顾客，让顾客感受到自己受尊敬，从而放下对导购员的戒心。然后导购员可以问："方便说下您的预算大概是多少吗？"

通过询问对方的预算来整体把握顾客的承受范围，然后通过介绍其他适合顾客的商品，达到让顾客购买的目的。

▷ 实战锦囊

顾客通常会选择诉苦的方法，故意说自己预算不够，目的是让导购员给自己便宜一点，达到压价的目的。这时，顾客肯定已经看上这一件商品，导购员就不必再向顾客推荐其他便宜的商品了。

古语云：知己知彼，百战百胜。首先，掌握顾客的大概预算。不了解别人怎么能说服别人呢？想要说服顾客，就要先了解顾客的预算。导购员可以问："方便知道你的预算是多少吗？"一般顾客会说出自己的预算。当顾客说出自己的预算时，导购员就可以进行下一步，试探顾客的诚意。得知顾客的预算范围后，导购员可以对比顾客看上的商品，看差价是否特别大，通常情况是不会太大的。因为既然顾客心里有自己的预算，看商品的时候，肯定会在预算范围之内。之所以他会

05　让价格不再成为障碍：巧议价诚相待

说超出了他的预算，其根本目的是压低价格。

这时，导购员需要推荐他预算范围内的其他商品，千万不要低于顾客预算太多。这样会让顾客感到你看不起他，不利于双方交流。推荐完其他几款，可以预料顾客肯定是不喜欢的，就说明顾客是诚心想要买自己看上的那一款了。

最后，灵活让价，说服顾客。看准顾客想要买的决心，就要引顾客上钩了。导购员可以说："您的眼光实在是太好了，这一款是本店性价比最高的。实不相瞒，降不了多少，但是考虑到您的预算，您看您稍微加点，我给您稍微降点，这样多好，这样就可以成交了。"

顾客看到自己目的已经达到了，肯定就不会再为难了，很快他会答应这个价格。他毕竟不是真的不想要，只是想通过自己简单的技巧，获得一些实惠而已。

总之，遇到顾客说"超出了预算"时，不要急于给顾客推荐价格差别太大的商品。准确理解顾客的意思，适当降低价格，达到把商品销售出去的目的就可以了。

顾客说钱没带够怎么办

经过耐心的介绍和解答顾客的问题后，导购员帮助顾客选择好了商品，顾客也表现得非常满意。这样导购员就完成了导购，轮到顾客结账了。这时，出现了一个意外的状况，顾客说："今天出来的比较急，钱没有带够，怎么办呢？"

导购员："先生，这款皮带是我们刚从新西兰进口的，昨天刚到货。您看一下这一款适合吗？"
顾客："这一款不错，做工看起来非常精致，设计也不错。"
导购员："先生对皮带这么了解，非常佩服您。"
顾客："行，我就要这一款了。"
导购员："好的，先生，您这边请，我带您去收银台。"
顾客："实在不好意思，我今天忘带手机了，现金带得不够。"
导购员："那您回家拿钱再来吧。"

顾客说"钱没有带够"绝大多数是一个托词，并不是真的，其真实的目的还是想要导购员给自己降低价格，尽量花更少的钱，买更好的东西。这时，导购员说"没钱你还来"就不合适了，这明显是看不起顾客。甚至会让顾客觉得导购员在鄙视自己，在这种情况下，试想哪位顾客还愿意购买呢？

05 让价格不再成为障碍：巧议价诚相待

当然，导购员也不能不经脑子思考，直接回复："那您回家拿钱再来吧。"有时顾客只是想让导购员降低一点价钱，比如：商品的标价是 3000 元，顾客直接说我只带了 2980 元。这样很小的一个差价，导购员直接回绝了，让顾客带够了钱再来，显然会让顾客感觉到，导购员根本就不通任何情理，这一点钱都不能减掉吗？即使顾客买下了商品，下次一定不会再来了。

此时，导购员可以说："先生，您可以先交一部分钱，作为定金，然后再回去拿钱来。"或者"先生，我们可以为您提供货到付款。"

▷ **实战锦囊**

既然导购员已经明白顾客说"钱没有带够"绝大多数情况只是一个托词，那么就不应该再故意为难或者不给顾客降低价格。因为这样做，非但不能起到应有的效果，反而会打消顾客的购买欲望。

对顾客来说，自己的意思已经表达得很清楚了，导购员应该明白了自己的意思。而导购员只是按照表面意思理解，显然是敷衍他，不想给他降低价格。

因此，不要怀疑顾客，换一种方式回答和处理，就能达到相同的效果，为什么不试一试呢？

（1）货到付款法

无论顾客是真的没有带够钱，还是想让导购员给他降低价格。导购员都可以跟顾客说："我们可以提供货到付款服务，我可以拿着商品跟您一起回家。"当导购员说出这样的话时，顾客就要思考了，到底要不要导购员真的这样做。

顾客心里就会这样想：如果自己说出真实意图，是想让导购员降低商品的价格的话，显得自己没面子。而让导购员跟着自己回家，显得麻烦又浪费自己的时间，这样做也毫无意义。

在这种心理作用下，顾客往往会选择不让导购员跟自己回家。如果价格实在超出顾客期望太多，顾客会选择放弃购买。同样在这种情况下，即使导购员再压低价格也无法满足顾客要求，也就没有必要。

还有一种情况就是顾客直接选择购买，为自己找托词。比如顾客会说"旁边就是我朋友的店，我去借一下钱就回来，然后再购买。"

（2）押金法

当顾客说"我带的钱不够"时，导购员可以说："您可以先压一部分钱，把钱取来后再付款的。"这样的回答合情合理，顾客是没有办法直接反驳的。当然有一部分顾客会找到这句话的漏洞。顾客会说："太麻烦了，我跑回去，然后再来，直接给我优惠点不就完了吗，多简单的事情。"

这样就把难题重新交给导购员了，当然导购员也没必要惊慌。首先思考一下，看顾客带的钱，跟商品的价格相差大不大，如果不是很大，直接卖给顾客一个人情。导购员给顾客一个面子，也给他一个台阶下，可以说："既然价格也没差多少，今天就特例卖给您吧。"导购员这样做，双方皆大欢喜，顺利成交。

如果相差的太大，导购员也不要强硬地说："没办法，只能麻烦您回家一趟了。"可以这样说："我们店铺这边交通特别方便，您只需要很短时间就能重新回来的。"导购员这样说以后，顾客就会明白价格是不会降低了，为了保住自己的面子，也就会选择购买了。

总的来说，导购员要准确判断出顾客心里的想法，不要不思考就听顾客怎么说，然后机械式的回答。要通过巧妙的方法，去跟顾客沟通，把握好商品的价格。既满足顾客的需要，同时也不损害店铺的利益。

顾客要求把零头抹了

顾客在购买商品的时候，往往会出现这种情况，有的商品标价并不是一个整数，对于顾客来说，这正好是一个讲价的机会。很多顾客就会要求把零头抹掉，以这种方法间接压低价格。而导购人员对于这类人非常反感，甚至因为有情绪得罪顾客，导致顾客直接放弃购买。

这种情况对导购员来说经常能遇到，当然这么小小一个问题，通常也并不是很好处理的。但也不意味着没有很好的办法处理，那么应该怎样合理解决这个问题呢？

导购员："阿姨您好，您看您这身材，穿上这件风衣真是太漂亮了。"
顾客："真的吗？我穿起来感觉也非常舒服。"
导购员："当然是真的，您本身就很白，这件黑色风衣，显得您更白了。"
顾客："这件衣服多少钱？"
导购员："558元。"
顾客："怎么还有零有整呢？凑个整数，500块钱我要了。"
导购员："明码标价，我也没办法。"
顾客："不要这么死板，变通一下，可以吗？"
导购员："爱要不要，别耽误时间。"
顾客："你看你说的是什么话，又不是买不起。对待顾客，你就这态度？"

顾客提出把零头抹掉的要求，实际的意思就是想要优惠一点。对于导购员来说会比较烦这样的事情，有的商品确实是明码标价，导购员没有降价的权利，因此说不能降低价格也是实话实说。顾客却一直纠缠下去，导购员也非常生气，然后回复顾客就会说："明码标价，我也没有办法。"或者说："已经是最优惠的价格了，实在不能再抹掉零头了。""爱要不要，别耽误时间。"这些话，显然会让顾客非常失望，顾客心里总认为零头都是很少的一部分，对经销商来说，也不会因为要赚这点小钱就失去一位顾客。正是由于顾客的这种心理，才会导致很多顾客总是要求抹去零头。达不到自己要求，很多脾气不好的顾客，直接把商品往那一扔，就走人了。

因为这么一点小事情，导购员就弄砸这笔交易，显然是不明智的。如果换一种委婉的方式，顾客就容易接受了。导购员可以这样说："不是不给您把零头抹掉，是零头一抹掉，我们就要赔钱了，这一款利润实在是太低了。"或者说："您看您也不差这点钱，我们导购员每个月都有一定的任务，这都月底了，您帮我一把，好吗？"

委婉、放低身份的说话方式，会让顾客感觉很舒服，在导购员渴求的语气和态度下，顾客很难拒绝导购员的要求。

▷ **实战锦囊**

顾客要求把零头抹掉，实际上也就是想要导购员便宜点。这种情况普遍存在，如果导购员允许的话，接下来别的顾客也要这么做。随着顾客越来越多，时间越来越长，小小的数目就将变得很大，对店铺造成的损失也会变得很大。因此，在遇到顾客想把零头抹掉时，导购员应该遵循以下几个原则。

（1）表明态度

在顾客说出"能不能把零头抹掉"时，其实心里就已经决定要买

05 让价格不再成为障碍：巧议价诚相待

了。这时提出这种条件，往往是试探性的，想要试探导购员的态度。如果导购员的态度不坚定，或者是表现出能降价的妥协态度时，顾客就要抓住这个机会，强势出击。同样，如果顾客看到的是导购员坚决的态度。对顾客来说，一般就会放弃要求，毕竟对于商品的满意程度决定着顾客是否购买。

所以，导购员要先向顾客表明态度。比如说："这已经是最优惠的价格了，再把零头抹掉，我们就要赔钱了。"

（2）目光坚定，转移话题

导购员可以借助目光展现坚定的态度，和顾客对视的时候，坚定的目光往往能提升说服力。接着转移话题，把价格这个敏感的话题，转移到商品上，导购员对商品的优点和性价比等信息进行说明。

（3）语气坚定

导购员在阐述自己的观点和看法时，语言要适当委婉，不能太强硬或带着讽刺的意味。同时，语气要坚定，要让顾客感受到压低价格是不可能的，这样顾客就能在第一时间明白抹掉零头是不可能的，从而主动放弃这个要求。

总之，遇到想把零头抹掉的顾客，导购员不要轻易随着他们的意愿来，要明确表明不能抹掉的态度。用委婉的语言和坚定的态度，说服顾客，以达到成功销售的目的。

06

巧妙应对顾客的异议：解异议化疑难

减少顾客对风险的担忧

很多时候顾客非常喜欢这件商品，可还是犹犹豫豫，不愿意购买。细究其中的原因，无非就是顾客对商家的不信任，或者对导购员许下承诺的不信任。这种情况也是合情合理的，当今社会中，有太多无良的商家，拿着假货欺骗消费者。运用各种营销手段，吸引顾客，在顾客没有购买时，许下带有欺骗性质的承诺，当商品出问题时，又不愿意兑现当初的承诺。

当然这只是很少的一部分商家，但"一朝被蛇咬，十年怕井绳。"对于顾客来说，哪怕曾经遇到过一次，就会对所有商家产生不信任感。因此，导购员想要让顾客顺利购买商品，前提就是充分得到顾客的信任，减少顾客对风险的担忧。

一个年龄15岁左右的小男孩，来到了一家鞋店。

他望着一双篮球鞋，一直看着。

这时，导购员发现了这个小男孩，主动靠近过去。

导购员："这位同学，有什么可以帮您的吗？"

小男孩："这双鞋怎么这么贵。"

导购员："这双鞋是乔丹的，因此价格比较高。"

小男孩："是真的吗？"

导购员："您看您说的，我们店什么时候卖过假货。"

小男孩:"那我怎么相信你。"

导购员:"爱信不信,买不起就别看了,耽误时间。"

顾客第一次来到一个店铺买东西时,特别容易对价格比较昂贵的商品产生怀疑。他们会怀疑商品是不是真的,当导购员尝试对顾客解释时,又会对导购员说的话也持怀疑态度。这时,导购员不能说:"我们店铺什么时候卖过假货。"这种话,对于第一次来的顾客而言,这句话毫无说服力,你们卖了那么多货,怎么去查,这根本不是一个合理说服顾客的理由。

有的导购员对顾客说:"爱信不信。"想要用强硬的语气,表现商品是真的。显然是故作掩饰,商品的真假根本无须借助强硬的态度来表明。相反,这会严重影响到顾客的购物体验和对商品真假的怀疑。当顾客对商品风险表现出担忧时,导购员可以这样说:"您放心,我们店铺支持15天无理由退货,您要是觉得不满意的话,这期间可以申请退货的。"或者说:"您也是识货的人,您先试一下商品,感受一下,您就会知道是不是真的了。""如果您在周围找到同类商品比我们的价格低的话,可以给您退差价的。"

▷ 实战锦囊

怎样才能降低顾客的担忧,让顾客放心购买商品呢?

(1)让顾客自我感觉一下

人们往往不相信别人说的话,而相信自己的感觉。只有让顾客感觉到商品的质量,才能打消顾客的顾虑。比如:顾客在购物超市想购买橘子。顾客会有这样的顾虑,以前买导购员介绍说非常甜的橘子,品尝后确实很甜,可是买了以后很多都很酸。这时导购员可以让顾客任意挑选一个,进行试吃,然后再决定是否购买。这样就打消了顾客

06 巧妙应对顾客的异议：解异议化疑难

的顾虑。自己亲身体会，当然比较可靠。

对于衣服这种日用品或者别的商品，可以让顾客试穿或者试用一段时间，又或者向他们保证多少天无条件换货、退货或者多少天保修等。

（2）详细介绍售后服务

购买前顾客担心的是商品真假的问题，而购买后，顾客担心的则是商家的售后服务质量。俗话说：只要你能解决我的后顾之忧，我就相信你。这句话充分证明了要想百分百赢得信任就要解决后顾之忧，而顾客的后顾之忧就是售后服务。

找到了问题的核心，导购员就要对其合理地进行解决。导购员向顾客详细介绍售后服务，就成了重中之重。详细介绍售后服务，让顾客吃一颗定心丸，顾客就会顺利购买商品了。

总之，要想减少顾客对风险的担忧，就要从售前商品真假、质量和售后服务入手，让顾客相信导购员，从而说服顾客购买。

利用顾客冲动的消费心理

当顾客看到一款刚上市的新商品或者一眼就看上了一件商品时，冲动的消费心理就会出现，非常想购买。这时，顾客冲动的非理性思维，就会超过理性消费的心理。如果这个时候，导购员稍加引导，就会在很大程度上促成顾客交易。

对于导购员来说，要充分利用自己的观察能力，发现顾客的冲动消费心理，加以引导，达到促使顾客下单的目的。

一对年轻的情侣来到一家卖女包的店铺，刚走进来，年轻的女孩就目不转睛地盯着一个包。然后径直走了过去，拿起包包看了起来，并且看得非常仔细。旁边的男朋友不时想拉女孩走，可是女孩就是不走。

这时，站在一旁的导购员走到女孩身边。

导购员："小姐，有什么可以帮您的吗？"

女孩："这款包包是刚上市吧？"

导购员："是的，昨天刚到。"

女孩："好的，我感觉这个比较好看。"

男孩："上星期不是刚买了一个包吗？"

女孩："那个不好看，我想要买这个，这个我喜欢。"

导购员："那我给您包起来吧。"

06 巧妙应对顾客的异议：解异议化疑难

女孩："这太贵了，便宜一点，我就立刻买下。"
导购员："这一款刚上市，不能降价。"

顾客在看到自己喜欢的商品时，第一时间会在心里产生购买的冲动。此时，只要稍加引导就可以让顾客购买的冲动变为现实。而有些导购员反应相当迟钝，甚至根本不了解这种顾客的冲动心理。

不懂的导购员会说："这一款刚上市，不能降价。"瞬间给顾客一盆冷水，可能就是这样一盆冷水，就可以将顾客冲动的心理泼醒，放弃购买的欲望。

有的导购员会说："这商品刚上市，不建议购买。"这种话，虽然是为顾客考虑，也是事实。他们想通过这种方式获得顾客的信任，然后向顾客推荐其他款的商品。这种想法也是错误的。因为，顾客对一款商品有冲动的心理，就表明顾客对这款商品非常喜爱，其他的商品并不具备吸引力。

导购员想要说服顾客买其他款的商品，显然是不可能的。所以，导购员要打消这个念头，充分利用顾客冲动的消费心理。

导购员可以说："您看这是刚到的新货，多么时尚、流行。此时买的话，正好可以在您朋友面前展现一下，他们肯定会夸您有眼光、有品位。"还可以说："您真有眼光，这是限量版的，已经销售出去好多了，现在没剩下几个了，要抓紧时间购买。"也可以从商品的质量上着眼，说："这款质量非常好，您买了这件衣服，保证穿得好看，并且还能穿很多年，虽然说价格有点贵，但是比起那些便宜但只能穿一年就严重掉色的，从效果和使用寿命来说，还是非常便宜的，您说是吧？"

▷ **实战锦囊**

怎样才能抓住顾客的冲动消费心理，引导顾客及时购买呢？

（1）赞美顾客的眼光和商品特点

要想利用顾客的冲动消费心理，让这种心理转化为真实的购买现实。就要充分肯定顾客的观点和赞美他们，让顾客感到自己做的是对的并且不忍心拒绝导购员的推荐，这样才能真正打动顾客的心，使他挣脱所有的束缚，走向购买的目标。

比如，为了让顾客购买他一眼就看上的商品，导购员可以先赞美顾客的眼光，然后夸赞顾客的品位，说："这是本店最漂亮的商品之一。另外，这一款价格也是现在最优惠的。这款商品运用了业界最先进的工艺和技术，质量有保证，比起同类商品，这款商品拥有绝对优势。"

（2）利用顾客求新、攀比的心理

对新事物的追求，是顾客冲动消费心理的原因之一。人们都渴望与众不同，突出个人的品位。当顾客看上一件商品的时候，导购员要利用这种心理，充分刺激顾客。比如顾客想要买一款新的风衣，如果这是一款刚刚上市的商品，导购员就可以说："您真有眼光，这一款是我们刚上架的，也是第一时间发售，在市场上还没有大量销售。您买了以后，在朋友面前就可以炫耀一下，让他们看看您有多时尚。"

很多冲动消费者会被这种话吸引，从而加剧冲动消费的心理。最终，下定决心，购买这件商品。

（3）数量紧张策略

限量发售的商品，往往都能吸引消费者的关注。这不仅是因为数量很少，难以购买，还因为他们具有一定的收藏价值。由于这两个原因，很多商家都会利用"限量发售"来吸引顾客。

顾客因为冲动消费心理，准备购买一件商品，一时半会却拿不定

06 巧妙应对顾客的异议：解异议化疑难

主意，虽然非常想购买，但还是理性渐渐压制住了冲动。这时导购员就可以说："这一款商品的数量已经不多，没有办法保证明天还有货，并且也不会再进购货。"在数量紧张策略的进攻下，顾客内心就会紧张，在紧张和冲动的共同作用下，很少有顾客能控制住自己的购买欲望。

总的来说，想要让顾客在冲动的消费心理下，完成对商品的购买，就要从这几方面入手，这样才能利用顾客的冲动心理，达到销售商品的目的。

即使迫不及待，也要表现得不情愿

顾客提出异议时，有的导购员为了尽快成交，立刻答应，结果反而击退了顾客的成交欲。比如顾客对导购员说："能不能便宜20元？"导购员不加思考地说："可以。"那么顾客就会想：是不是标价高得离谱，才答应得这么爽快？于是得寸进尺地要求再次降价，导购员就会陷入被动。

越是难以得到的东西，越是显得珍贵，也越能给人满足感。如果在遇到顾客提出异议的时候，导购员答应得很不情愿，反倒能让顾客觉得自己的要求是有难度的，认为自己占了便宜，买得划算。

导购员："您好先生，需要帮忙吗？"
王然："您好，请问这件羽绒服和这条牛仔裤加起来最低多少钱？"
导购员："最低680元。"
王然："650元可以吗？"
导购员："当然可以。"
王然："600元，一口价。"
导购员："……"

顾客对商品质量或者价格等提出异议时，导购员回答的时候不要太着急。此时的顾客往往抱着侥幸的心理，想要让导购员给予自己一

06 巧妙应对顾客的异议：解异议化疑难

定的优惠价格。顾客先是试探，然后得出一个大概结论，以及根据导购员的态度，然后再进行下一步的计划。

当顾客说："可以把价格降低 20 元钱吗？"导购员回答："当然可以。"顾客就能从中判断出导购员非常随和、好说话，对于降低价格来说并没有特别强烈的反对。顾客将再次提出降价要求，此时的导购员就会非常尴尬。

导购员不能急着想要促成这笔交易。比如说："可以的，我给您包起来，这边结账。"这样急于让顾客购买，顾客会觉得你急于高价卖出，相反他们会选择暂时不购买。

"你说的价格实在不能卖，不和您说了。"这句话，显然是不想卖给顾客，想要赶紧打发顾客走。这时，很多顾客会考虑到售后服务。还没有买呢？导购员就表现出这种态度，要是买了以后，有什么问题，那态度肯定会更加不友好。

导购员在遇到这种情况时，可以这么说："我看您也是诚心要的，真的是因为喜欢才会选择购买。给您便宜 20 元实在让我们赔本。这样吧，我们取个中间数，你加点我降点，就给您便宜 10 元，好吗？"

导购员还可以说："您是我们的老顾客了，也知道我们这里的商品营销策略一直都是薄利多销。总不能让我们赔吧，您能不能再加点，降 10 元如何？"

▷ **实战锦囊**

当顾客对商品比较满意，表现出非常乐意购买的意向，顾客会不断地询问和压低价格。导购员不要因为迫不及待想要卖出商品，而急于给顾客回复，甚至是满足顾客提出的任何要求。要循序渐进，故意表现出不情愿。这样才能紧紧地抓住顾客的心，让他们购买。

（1）适当沉默，给顾客压力

只有顾客特别喜欢一件商品并决定购买它时，才会不断地跟导购员进行周旋，想要得到更多关于商品的信息和较低的价格。这是一场心理战，只有足够冷静，才能赢得最后的胜利，而胜利的法宝就是适当的沉默。

当顾客急于压低价格时，导购员必须清楚降价的底线，当顾客要求降价的程度达到了底线，就要进行心理压制了，导购员适当沉默。一是让顾客清醒下来，二是给他们压力。让他们感觉这个价格买不到，同时体会到导购员的为难。在这种压力下，导购员很容易获得主动权。然后，双方讨论一个都能接受的价格，让双方满意。

（2）巧用肢体语言

有时候肢体语言会起到很大的作用，当导购员非常为难时，可以用肢体语言表达自己的为难。比如：平摊一下双手，皱一下眉头等。这些略带滑稽的动作，往往会精准表达出导购员的心声，并且缓解交流的氛围，达到让顾客理解的效果。

（3）循序渐进

任何事情都不是一蹴而就的，需要慢慢来，对于导购员来说更是如此。面对顾客时，不要着急，慢慢进行说服。先介绍商品的特点，让顾客心里明白商品的质量，增加顾客选择的概率。接着跟顾客适当谈心，让顾客对导购员的人品产生信任。最后，巧议价格，抓住顾客的心，这样循序渐进的方式，既能给顾客好感，还能卖出商品。

总之，即使导购员心里迫不及待地想要卖出商品，也要沉下心来，循序渐进，运用恰当的方法，让顾客相信导购员。

委婉拒绝不能答应的请求

通过导购员耐心的介绍、专业的讲解，终于成功打消了顾客的种种疑虑，谈好了一切，顾客跟着导购员去收银台结账。这时，顾客会有这样的心理：在付账之前想获得比较多的好处，包括降低价格、让卖家送点小礼品、特殊的售后服务等，因此会在此时，提出一些不合理的请求。

看着即将结账的顾客，导购员犯了难：不答应，顾客一旦取消购买，前面的努力全部白费；答应，明显是不合理的要求。面对这种情况，该怎样做才能不得罪顾客呢？

宋佳来到了一家4S店，想要买一台自己的车。经过长时间的询问价格和咨询质量后，他打算买一台大众甲壳虫。

宋佳跟着导购员来到了收银台。

导购员："您好，您是现金结账还是银行卡？"

宋佳："银行卡。"

导购员："可以的，请把您的卡拿给我一下。"

宋佳："等等，你们答应的一年免费保养能不能给我例外一下，两年免费保养可以吗？"

导购员："不能答应您这个要求，这不符合我们的规定。"

当顾客提出一些不合理的要求时，导购员自然是生气。但是，不能把心里的气撒到顾客的身上，直接对顾客说："您这个要求不能答应，这不符合我们的规定。"或者说："爱买不买，要求真多。"

这些直接拒绝顾客的话，会极大程度上损害顾客的脸面，特别是有很多人在场的时候。顾客会认为导购员在故意贬低自己，顾客失去了面子，当然也不会在店里多待。试想，哪一位顾客愿意跟导购员死皮赖脸的说话呢？

所以在顾客面前，导购员不要直面拒绝顾客，要学会委婉地拒绝，给顾客一个台阶下，保住顾客颜面。同时，也避免自己陷入尴尬的境地。当顾客提出不合理的要求时，导购员可以这样说："先生（女士），一般免费保养是汽车厂商制定的，我们店铺是没有办法改变的。所以还请您体谅下我们。"导购员还可以说："这个需要我们向厂家提出申请，需要很长一段时间。"

▷ 实战锦囊

导购员实在不能答应顾客提出的要求时，不要直接拒绝顾客。如果直接拒绝会导致顾客跟导购员发生争吵，在争吵的过程中，难免会发生不愉快的事情，影响到顾客的消费体验。导购员不妨采取间接、迂回的方法，给顾客一个面子，合理地解决问题。

（1）选择一个合适的场合

俗话说：什么样的场合，说什么样的话。不同的场合需要说不同的话，这样才利于交流。当顾客提出导购员不能答应的条件后，导购员要先观察一下周围的环境。如果此时周围都是顾客的话，当众拒绝，会让顾客失去面子，下不来台，为了表示自己提出的要求合理，顾客就会和导购员争吵起来。

因此，在需要当面拒绝甚至是委婉拒绝时，导购员要注意场合。

06 巧妙应对顾客的异议：解异议化疑难

当周围没有其他顾客或者顾客很少的时候，再用委婉的方式拒绝顾客要求。

（2）替顾客说话

很多时候，顾客明知道导购员不会同意他们提出的无理要求，之所以还要提出来，是因为想要让导购员对他们更加友好。导购员应该抓住这个机会，替顾客说话。比如，导购员可以说："生产厂商确实有点不合理，只免费保养一年，这也说不过去。我们也比较烦这一条，主要是人家既然这样做了，也有一定的道理。您可以在第一年的时间内，多来保养几次，把车子保养好了，以后出故障的概率也就减少了。"站在顾客的角度替顾客说话，就能让顾客感到贴心，心里一暖，事情也就好解决多了。

（3）给顾客一个台阶下

拒绝顾客后给他一个台阶下，双方会意的一笑，皆大欢喜。在拒绝的时候一定要用幽默的方式，让顾客感觉不到尴尬。比如，"你的要求如同一位美丽的姑娘，等待的是她的王子，而我却是一个长相丑陋的穷人。"这样幽默地拒绝顾客，顾客不会反感，反倒是开心的一笑，说："没关系"。

总之，要让顾客愿意接受导购员的拒绝，确实是一门技术活，这需要导购员仔细研究。

在"半推半就"中搞定顾客

在购买商品的时候，很多顾客总会出现选择困难症，这个也喜欢、那个也喜欢，但就是不知道应该选择哪一个。其实在顾客的心里，看上的都想要，只是表面上表现出不想要的样子。这时，导购员就要学聪明一点，抓住顾客的这种心理，在"半推半就"中搞定顾客。

一对年轻夫妻来到了一家手机店买手机。

妻子："你看这款手机怎么样？"

老公："这款不错，性能也很好。"

导购员："这位女士真有眼光，这款手机是我们店里面卖得最火的一款了。"

妻子："看吧，老公，我的眼光不错吧。"

老公："当然了。"

妻子："老公，要不买两个吧，一人一个。"

老公："我的手机还能用，先不买了。"

导购员："这位女士您先买，隔一段时间，新机出了，把这款手机给您老公，您再换一个新的。"

妻子："也好，就这么定了。"

很多顾客心里想购买商品，只是表面上做出不想买的样子。就像案例中的丈夫一样，虽然口中说不想买，实际上是想买一个，只是要

06 巧妙应对顾客的异议：解异议化疑难

做出自己宠爱妻子，不舍得花钱的样子。导购员不明白顾客心里怎么想的，对顾客说："这位女士先买，隔一段时间，新机出了，把这款手机给您老公，您再换一个新的。"或者导购员说："那就先买一个吧。"虽然这样看上去能将商品顺利地卖出，可本来导购员能卖出两部手机的。

导购员可以说："这位女士说的对，你们两个一人一个，多般配，在一起拿出手机，人家就知道这是情侣手机。时不时地拿出秀一下恩爱，多好。"还可以说："好事成双，况且价格也不贵，如果买两个可以赠送您情侣手机套，这样你们同时拿出手机，多么令人羡慕，来，我给您一个优惠价，包起来了。"

▷ 实战锦囊

导购员看透了顾客只是假意不想买，实际上想购买后，具体应该怎样运用"半推半就"的方法，搞定顾客，让他们购买商品呢？

（1）诉说购买后的好处

"欲擒故纵"，想要让顾客真正下定决心购买，就要充分向顾客介绍购买以后会有什么样的好处。让顾客对购买后的享受充满无限的期待，相信很少有人能抵挡得住这样的诱惑。

比如，一位妈妈带着自己的孩子到商场买东西，孩子特别喜欢滑板，想要让妈妈买。但是又怕妈妈不买，只是在那里看着。这时，导购员就可以立刻走过去，对孩子的妈妈说："这位女士，就给孩子买一个吧，提高孩子身体的协调性，锻炼身体。"

当妈妈听到这些好处后，加上孩子内心也喜欢。导购员又充分说明了，购买以后会有多大的好处，还将商品放到孩子的手中。妈妈也就"半推半就"接受了，同意给孩子买。

（2）价格优惠策略

优惠的价格是促使顾客购买较多商品的原动力，这是一种很重要的营销手段。很多顾客之所以不愿意一下子买很多商品，是因为他们不愿意一下子花费很多钱。而能说动顾客购买的只有这样买非常实惠。

比如一位顾客来到一家服装店，本来是要买一件外套穿。但是看到有内搭的衣服，搭配起来非常好看。这时导购员就可以使用价格优惠策略了，可以说："您看，如果您只是买了外套，看起来很不错，但是，如果搭上这件衬衣和鞋子的话，那就完美了。要是您要的话，现在给您优惠价，非常划算的，比你单买便宜多了。"这样的价格策略会让顾客感觉非常向往，在导购员的劝说下，顾客也一定会选择购买的。

总之，想要卖出更多的商品，导购员就要利用顾客想买但又不愿表现出来的心理，运用"半推半就"的方法，搞定顾客。

如何运用顾客的逆反心理

产生逆反心理的主要原因是：心里所想得不到满足或是自己的想法跟别人不一致。受这种心理的影响，在购物的时候，顾客会表现出非常反感或者不信任导购员。导购员本来是好意给顾客推荐好的商品，却得不到友好的回应。导购员说好的商品，顾客说不好；导购员说不好的商品，顾客却说好。最后，闹得双方都不愉快。

徐伟刚来到一家皮鞋店里，正在看皮鞋。

这时，走来一位导购员。

导购员："先生，有什么可以帮您的吗？"

徐伟刚："暂时不需要，我先看看。"

导购员："这双皮鞋不错，您可以先试试。"

徐伟刚："不好看。"

导购员："那这一双呢？"

徐伟刚："这也不好看，这双怎么样？"

导购员："这双没有我给您推荐的那双好看。"

徐伟刚："是你买鞋还是我买？"

导购员在向顾客推荐商品的时候，如果发现顾客对自己推荐的商品表现出非常反感的态度，就可以断定顾客有逆反心理。此时，导购员如果强行向顾客推荐商品，如"这双鞋怎么样？"或者表达出与顾客相反的观点"这双鞋没有我给您推荐的那一双好看。"这些话都会刺激顾客，他会认为导购员是故意在跟他唱反调，完全无视他的观点和意见，从而对导购员产生敌意。如果导购员继续说："我看这一双鞋特别适合您，您就买了吧！"这样似乎是强迫顾客购买的话，顾客就会立即翻脸，直接走人，不买了。

遇到这种带有逆反心理的顾客，导购员应该这样说："先生，您确实比我的眼光好，这一双比我给您推荐的那一双好多了。"也可以说："先生，您先别急，这两双都给您放这，您可以都穿上试试，对比一下，您可以自己选择要哪个。"

▷ **实战锦囊**

（1）先肯定，再反驳

对于有逆反心理的顾客来说，他们想要的就是顺从和肯定。导购员的责任是让顾客有更好的消费体验，让顾客感受到自己的热心和诚意。当顾客因为和导购员的意见不一致，而反驳导购员时，导购员可以先肯定顾客的观点。然后，间接反驳顾客。

先肯定顾客的观点，让顾客的逆反心理不再出现。接下来间接反驳顾客，这就需要从侧面切入，不要直接正面反驳，从正面直接反驳会跟顾客产生冲突，不好控制局面。比如顾客认为自己看中的皮鞋好看时，导购员就可以从使用的场合切入，说："先生，这一款主打的是时尚前卫，适合非正式的场合穿。您是个商务人士，确定就要这双吗？"

从顾客的实际出发，侧面切入正题，不但能获得顾客的好感，还能引发顾客的思考。使用询问的语气，给顾客充足的面子，这样顾客就会综合考虑，并且愿意听取导购员的意见，完成交易。

（2）多提问，少陈述

顾客的需求是购买商品的原动力，抓住这个原动力，就能促成交易。有逆反心理的顾客，多提问、多倾听顾客的想法，就非常有必要。多提问，问顾客想要什么、对商品有什么样的看法。少陈述、发表自己的观点，减少顾客的反感。多倾听，让顾客感到导购员是在关心他们，这样就会渐渐放下戒心，不再逆反，顾客就会听从导购员的建议，也愿意购买商品。

（3）巧用好奇心

每个人都有好奇心，对自己没听说过的东西非常感兴趣。虽然有逆反心理的顾客，常常在许多观点上跟导购员唱反调，但是导购员抓住顾客的好奇心，说一些新鲜的、顾客没听说过的话题，顾客还是会立刻被吸引过来的。比如顾客想要买一台性价比高，游戏性能又好的手机。顾客有逆反心理，导购员给他推荐的那款，偏偏顾客就是不喜欢，非要买别家店铺的另外一款。

这时，导购员就可以利用顾客的好奇心，说："您听过GPU Turbo技术吗？"顾客回答："没有。"导购员说："这项技术可以让软件和硬件结合，显著提升图形处理能力，让手机游戏性能显著提高。"这样来吸引顾客，顾客因为好奇，想要了解。在充分了解后，相信顾客也会选择这款手机了。

对于导购员来说，顾客有逆反心理并不是很难应对，只要能妥善处理，这些顾客反而会成为成功销售的助手。

给顾客制造一种紧迫感

有很多顾客在买商品的时候，慢悠悠的。比如：几个朋友一块去商场里面逛逛，看到自己喜欢的就买。即便看到自己喜欢的商品了，也要不断地讲价格，直到满意为止；在购买的时候不慌不忙。此时，导购员不能随着他们的节奏，要给顾客制造一种紧迫感，尽快促成交易。

周末没事，王雪就约了几个朋友一起逛街。逛着逛着，她们来到一家化妆品店。
导购员："您好，几位女士需要帮助吗？"
王雪："我们先看看。"
导购员："好的。"
导购员："这一款口红最近在做活动，你们可以看一下。"
王雪："这款确实不错，可以再便宜一点吗？"
导购员："不可以了，已经是最低价了。"
王雪："好吧，那我们再看看吧。"
导购员："好的，你们再看看别的吧。"

顾客并不是为了买商品而去逛街的时候，往往会表现出我只是顺便看看的态度，又或者顾客在与导购员无限制地谈论降价这个问题。

06 巧妙应对顾客的异议：解异议化疑难

导购员要清楚，此时需要给顾客制造一种紧迫感，在这种心理的影响下，顾客才能真正重视起来，抓紧时间购买。

相反，如果导购员也表现出很放松的态度，说："好的，你们再看看吧。"或者说："您要是不是诚心买的话，就别浪费时间了。"这些像是赶顾客走的话，对顾客那种随意逛逛的心态嗤之以鼻，不愿意也不用心接待，只能渐渐流失掉这些潜在的顾客。

只要稍微使用一点说话技巧，给顾客制造点紧迫感，就能让顾客购买。导购员可以说："今天是最后一天活动，明天就要恢复原价了。"还可以说："你们来的真是太巧了，这是最后一件了。""这一款是限量发售，明天就不一定有货了。"

▷ **实战锦囊**

导购员和不着急购买的顾客交流了很久，顾客还是以再看看为由推脱。这时，导购员可以给顾客营造紧张感来达到目的。制造紧张感有很多种方法，使用下面的这几种方法，能帮助成交量提升。

（1）限时特价法

互联网有一种营销方法是什么时间准时开抢，很多顾客都是提前很长时间打开页面等待。这种方法给顾客制造一种紧迫感，达到顾客想要抢到商品迅速达成销售的目的。

当导购员看到顾客在跟自己纠缠不休的时候，就可以说："这款商品是限时特价的，错过这个时间，就没有这个价格了。"这样顾客在紧迫感的驱使下，就不会再纠缠，而抓紧时间购买。

（2）独家代理法

许多顾客想让导购员给自己降低价格，往往使用很多办法。其中有一条就是：货比三家。顾客会对导购员说："这个价钱你们店铺不卖给我，别的店铺会卖的。"然后假装要走，以此来威胁导购员给自己降价。

此时，导购员就可以使用独家代理法来应对，对顾客说："这个品牌的衣服全市只有我们店铺独家代理。"听到这个消息后，顾客就会停下脚步，接着就会思考，是不是要买。这时，导购员只要给顾客一个台阶下，比如说，"这样吧，给您送个礼品，您看可以吗？"顾客也就同意购买了。

（3）巧用感情法

有部分顾客并不是给自己购买商品，而是给亲人、朋友买的。而亲人、朋友之间是用感情连接的。这时，导购员就可以巧妙利用感情，给顾客制造紧迫感，达到让顾客购买的目的。例如：顾客想要给妈妈购买一套健身用品，到了店里面后发现价格非常贵，所以就跟导购员讲价。这时，导购员就可以说："父母年龄老了以后，身体是一天一个样，能尽孝心，就要抓紧时间。不及时的话，很可能会后悔。"

抓住感情这张牌，将它打出去。很多顾客都会感动于真挚的感情，也能体会到紧迫感，从而下定决心购买。

总的来说，导购员给顾客适时制造一定的紧迫感，能让顾客更快速、顺利地完成交易。

避重就轻，引导顾客主动说"是"

导购员想要说服顾客，让他们购买商品，就要让顾客对导购员说的话持肯定的态度。导购员要以简单有效的询问方式，引导顾客主动说"是"。让顾客一直对导购员保持肯定的态度，对导购员渐渐地产生信任，这就大大增加了说服顾客的概率。

一家电动汽车公司，最近推出了好几款新车型，正在举办宣传活动。

导购员："您好，先生，这几款新车型是我们公司最近推出的，现在正在举办宣传活动，这一款您喜欢吗？"

顾客："不好意思，我刚到，先看看再说。"

导购员："好的先生，有什么需要帮助的，随时叫我。"

导购员给顾客的第一印象非常重要，甚至决定了顾客是否购买商品。当顾客刚走进店铺时，导购员不要直接给顾客推荐商品，直接推荐商品是非常烦人的举动，给顾客留下了不好的第一印象。当顾客说"先看看再说"时，导购员不能说："好的先生，有什么需要帮助的，随时叫我。"这种回答相当于已经流失顾客了。

一旦顾客对导购员第一印象不好，顾客也就不再相信导购员所说的和所承诺的内容。遇到他们对商品或售后不知道的问题，也不会向导购员询问，导购员想要得到顾客肯定说"是"的机会，就变得很难了，甚至没有办法和顾客说上话，也很难达成交易。

所以导购员要给顾客留下一个好的第一印象，首先要得到顾客的肯定，对导购员说"是"。导购员可以这样说："先生，您来参与这个活动，肯定对车很了解吧？""新车首发，对于价格来说，肯定是有优惠的，在这个时候买肯定是最划算的，您说对不对？"

▷ **实战锦囊**

导购员想要导购成功，就要跟顾客良好互动，不断地得到顾客的肯定，这是非常重要的。因为不断得到顾客的肯定，也就是顾客愿意相信导购员说的话。不能一味地向顾客介绍说商品怎么好、服务怎么好，这些说得再多，只要顾客不相信，就相当于白说。

只要顾客对导购员的第一印象是肯定的，顾客第一次对导购员说"是"，接下来也就非常容易说"是"。坚持到最后，导购员一定能导购成功。

得到顾客肯定的导购员说的话才有效，那么导购员应该怎么说呢？

（1）避免见到顾客就推荐商品

导购员见到顾客以后，可以先跟顾客打声招呼，然后让顾客先去看一下商品。

当顾客看了一会商品，有一些了解后，导购员再进行介绍。比如：顾客已经看了新上市的那几款电动汽车，对其外观和设计有一定的了解。这时导购员走过去，对顾客说："先生，这款新车设计的是不是很新颖？"顾客了解以后，就会回答说："是。"这样导购员得到顾客的肯定之后，再介绍其他方面，顾客也就容易接受，愿意和导购员进行探讨，这样交易就很容易成功了。

06 巧妙应对顾客的异议：解异议化疑难

（2）说话要通俗易懂

导购员从专业的角度分析商品说出的话很专业，大部分的顾客是听不懂的，自然也没有办法判断对错。这时，顾客就不会对导购员说"是"，而是点头或者不说话。如果导购员一直说专业用语，顾客对商品就不会了解，商品也得不到顾客的肯定，那么顾客也不会购买商品了。

所以，导购员说的话要通俗易懂，可以用生活中常见的例子进行类比，形象地展示出商品的性能。既让顾客了解商品，又能给顾客留下深刻的印象。当然会得到顾客的肯定，购买商品了。

（3）让顾客多说，引导其说"是"

导购员多倾听顾客的话。这不仅表现出对顾客的尊重，还可以从中引导顾客对自己的话说"是"。一举两得，很好地解决了导购员跟顾客交流难的问题。那么应该怎样引导顾客说"是"呢？

可以根据顾客提出的问题，进行有效的解答并设反问，引导顾客说"是"。比如顾客问："你们卖的电动汽车续航多少？"导购员："您担心续航问题是吗？这个您不用担心，我们用的电池组比一般电动汽车多一倍电量，您觉得续航用担心吗？"

总之，引导顾客说"是"，让顾客一直肯定导购说的，就一定能导购成功。

消除第三人对顾客购买的影响

在导购员跟顾客非常融洽地交谈后,顾客表现出强烈的购买欲望。在即将成交的最后关头,顾客往往会询问跟自己同行的人,询问他们的意见。顾客是否购买,很大程度上掌握在第三人的手里。对于导购员来说,应该怎样做,才能消除第三人对顾客购买的影响呢?

李阳明夫妇想要买一台空调,他们来到了一家空调专卖店。

导购员:"欢迎光临。"

李阳明:"您好,请问我们家客厅40多平方米,给我们推荐一款。"

导购员:"好的,先生,这边请。您看这一款是两匹半,风量足,并且是变频的,也比较省电。"

李阳明:"看起来不错,现在可以打折吗?"

导购员:"这一款现在做活动,打九五折。"

李阳明:"老婆,你有什么意见吗?"

李太太:"客厅又不经常开空调,变频也不省电,再说买这么大的也浪费,买个两匹的就够了。"

导购员:"您是一家之主,您决定就可以了。您太太的看法,是有偏见的,根本不对。"

李太太:"走,不买了。"

导购员在跟顾客交谈的过程中,得到了顾客的肯定,往往希望顺

06 巧妙应对顾客的异议：解异议化疑难

水推舟，快速让顾客下单购买。当顾客询问第三人的意见和看法时，导购员往往表现出非常不耐烦的情绪，忽略第三人，甚至是故意贬低第三人的意见，这种做法是不对的。

导购员忽略了第三人的影响力，顾客之所以询问第三人的意见，正是因为第三人有决定权。此时导购员不能说："您是一家之主，你决定就可以了。您太太的看法，是有偏见的，根本不对。"或者"每个人的看法都不同，别人会干扰您正确的判断。"

这些话显然是针对第三人说的，第三人听了自然会厌恶导购员。试想第三人会怎么说，肯定会说一些对导购员不利的话来反驳导购员的观点和看法。

此时导购员可以这么说："你们夫妻应该是心有灵犀的，您看上的，当然您太太也会非常喜欢的。"还可以说："李太太，您的观点有一定的道理，但是并不全面。空调匹数太小的话，制冷效果是不好的，并且还会非常耗电。您老公的看法也是很独到的，相信您也会支持的。"

▶ 实战锦囊

（1）了解顾客和第三人对商品的意见

想要让第三人成为导购员的"帮手"，帮助导购员一起说服顾客，就要先了解第三人对于商品的看法，当第三人的意见和导购员的意见一致时，讨好、重视他们往往会帮助导购员快速促成交易。相反，当他们的意见跟顾客或导购员的意见不一致的时候，导购员不能"得罪"他，要尽量说服他，让他帮助导购员说话，这样才能更好地说服顾客。

（2）让交流氛围变得和谐、融洽

当导购员看到顾客并不是自己一个人来时，就要考虑第三人起到的影响。当然没有进行有效的交流就没有办法知道。对导购员来说，让交流氛围变得和谐、融洽就非常重要。为了试探第三人的看法，导购员可以重复一下顾客的话，说："您觉得衣服的颜色特别好看，不知道您的这位朋友怎么看呢？"第三人就会发表自己的评论，从回答中，导购员就可以判断出第三人的意见和态度。

明确这些以后，导购员想让氛围更融洽、和谐，可以夸一下第三人的眼光，获得第三人的支持。只要继续保持三方的有效交流，就一定能说服顾客。

（3）提供优质服务

优质的服务是获得顾客好感的关键性因素，也是最能说服第三人的方法之一。因为每个人的看法都有一定的差异，在大多数情况下，不能拿出一个让双方都满意的合理方案。

这时，导购员就可以根据双方的眼光，提供多款商品让顾客自己衡量和选择，无论选择哪一款商品，胜利者都将是导购员。

总之，当遇到第三人在场的情况下，导购员要洞察顾客与第三者之间对商品的看法，从中找到异同，合理利用，说服顾客。

如何鼓励顾客下定购买的决心

很多导购员会遇到这样的顾客，他们往往对商品非常喜欢，对导购员介绍的信息也非常认同。但一说到让他们购买，他们总是以各种理由拒绝，这说明顾客还有顾虑，对商品还有异议，没有下定决心购买。那如何鼓励顾客下定购买的决心，顺利把商品销售出去呢？

朱先生最近迷上了甜点，他想买一款电烤箱，于是来到了一家美的电器销售店。

导购员："先生，您好，想要买什么？"

朱先生："你好，请问有电烤箱吗？"

导购员："先生这边请，这里有几款，这一款是美的大容量，一次性可以放很多东西。并且加热温度能达到350度，烤出的东西更加美味。只是有一个小小的缺点，就是稍微有点费电。"

朱先生："这款不错，可以。"

导购员："这款现在买送您一套餐具，给您包起来吗？"

朱先生："我再看看。"

导购员："好的，您可以多看看，对比一下。"

面对顾客明明对商品非常喜欢，但总下不了决心购买的情况，很多导购员表示不理解，不明白顾客为什么选择不购买。这是由于顾客对商品质量有看法或者是对导购员承诺的服务不信任，当然也有可能是对价格不满意等。

以上因素中的一个或者是多个干扰了顾客,让顾客心里产生疑问,到底是应该购买还是不购买?当导购员询问顾客是否购买时,因为顾客还没有下定决心,所以开始犹豫不决,用诸如:"我再看看""我再考虑考虑"等理由推脱。

导购员千万不要着急,不要反感这种情况,然后说:"好的,您可以多看看,对比一下。"顾客没有下定决心购买,并不代表顾客不喜欢。导购员让顾客再看看,显然会失去顾客。

"不要再看了,都差不多,还是买了吧,省得浪费时间。"这么着急地让顾客购买,顾客心中的疑虑就会更深,反倒不利于他们下决心购买。

导购员应该抓住问题的关键所在,询问顾客有什么疑虑,为什么不愿意购买。可以说:"这款商品有什么让您不满意的地方吗?""影响您不愿意购买是什么原因呢?"

▷ **实战锦囊**

(1)了解原因,提供解答

当顾客表现出想购买,但又总推脱的态度时。导购员要有耐心,通过询问的方法了解顾客心中不愿购买的原因。导购员可以说:"很愿意为您服务,您可以说下对这件商品有什么顾虑吗?"导购员说话的语气要体现出关切,让顾客感受到导购员是真心想要帮助顾客。顾客就会说出隐藏在心中犹豫不决的原因,比如顾客说:"我很喜欢这款电烤箱,但是太费电了。"导购员就可以解释说:"虽然看上去蛮费电的,但这款一次性烤的东西也多,况且也不经常使用,这样算下来比好多同类的商品都要更省的。"打开了顾客这个心结后,顾客就会下定决心购买了。

(2) 帮助顾客选择

俗话说：选择多了，也就没了选择。很多顾客就是因为选择很多，才不知道到底该选择哪一个？最终，因为始终下定不了决心而放弃购买。这时，导购员就要充分发挥作用，帮助顾客解决这个难题，帮助顾客分析和选择，才能促使顾客最终下定决心购买。

比如说，一位顾客来到一家4S店，但是顾客却不知道应该买SUV还是应该买轿车。他把纠结的原因告诉了导购员。导购员就可以说："请问先生，您平时喜欢自驾游吗？"顾客："不喜欢。"导购员："您平时用车一般都是在市区里面吗？"顾客："是的。"

得知这些以后，导购员就可以帮助顾客选择。导购员可以说："轿车比SUV更加省油，您主要是在城市跑，轿车车身低，更加舒服。您这种情况应该选择轿车，不要盲目跟风，选择SUV，SUV在城市里面不是太实用。"导购员帮助顾客选择，顾客也就能解决选择困难这个疑惑了，就会下定决心购买轿车。

总之，帮助顾客解决心里面的顾虑，并加以推荐和解答，就能让顾客下定决心购买商品。

永远不要泄露自己的底牌

有很多顾客的购物经验非常丰富，他们能通过跟导购员讨价还价，摸出一件商品的大概进价。然后使用一定的说话技巧，让导购员露出价格底牌，在最大程度上压低价格，让商家利润变得非常低。面对这些顾客，导购员怎样才能不泄露自己的底牌呢？

李女士想给自己的儿子买一个玩具，于是，她来到了一家玩具店。
导购员："女士，您好，有什么可以帮您的吗？"
李女士："你好，请问哪一款玩具适合5岁的小男孩玩？"
导购员："这一款挖土机非常适合。"
李女士："看起来不错，这个怎么卖呢？"
导购员："150元。"
李女士："便宜点可以吗？"
导购员："145元。"
李女士："80元，我要了。"
导购员："我们进价都85元，这样卖，就亏本了。"
李女士："95元，成交。"

有很多顾客在跟导购员砍价的时候，往往会使用高低价格这种策略，诱使导购员亮出底牌，揭示商品的实际进价。而很多导购员往往

06 巧妙应对顾客的异议：解异议化疑难

就会上顾客的这种当，不经意间将商品的底价说出来，这对于导购员来说非常不利。

如果顾客知道了商品的底价，导购员也就不能在最大程度上为店铺争取利润。相反，顾客会以此作为参考，进行定价，在商家能够同意的前提下，尽量拉低价格。

因此，导购员不能说："我们进价都85元，这样买，就亏本了。"而应该说："女士，您给的价格也太离谱了吧，这个价格我们是不可能卖的。"或者说："您说的价格，在哪一个店铺都买不到吧。"

▷ 实战锦囊

（1）假意拒绝法

当顾客不断地压低价格，不断地试探导购员，想要导购员泄露底牌时，如果导购员还是一味地向顾客说好话，诸如"这样我们会赔钱的"，顾客根本听不进去。顾客想要的就是尽可能地压低价格，而导购员为了不泄露自己的底牌，这时要表现得强硬一点。对顾客说："您可以去别的店铺看看，有这个价格吗？"

这样说，实际上是委婉地拒绝顾客，当然这是假意拒绝。顾客在听到这样的话后，其实心里也明白，以这样的价格是不可能在别的店铺买到相同的商品的，顾客当然不会轻易走，导购员要明白这个道理。可能一会顾客就会说："我也累了，不想逛了，你说个价格吧。"

这个时候，主动权就重新回到了导购员的手里，导购员可以运用"苦肉计"，说："真的是不赚钱卖给您的，说一个中间价格吧。"成交也就水到渠成了。

（2）威胁法

有一部分顾客为了让导购员说出进价，往往向导购员耍无赖，说我认为进价是这个，既然你不说，那就是默认了，我就按这个价格付款。面对这样的顾客，导购员要学会威胁法。具体就是没有售后服务、不送东西等。

比如，顾客想要买一台电磁炉，顾客说："我认为这台电磁炉就值100元，你们进价应该少于100元。"导购员就可以说："如果您拿这个价钱买，我们将不送您配套的锅和壶，并且原本一年的保修承诺也没有了。"导购员用这样的威胁法，可以收到奇效。因为顾客在心里会算一笔账，这样为了降一点价格，失去了保修和赠品是不值得的。

总之，顾客千方百计利用各种技巧想要让导购员露出底牌时，导购员千万不能上当。

07

如何处理顾客的投诉：用真诚换谅解

搞清楚顾客抱怨的原因是什么

在商品的导购和使用过程中，顾客会有很多的意见甚至是不满。造成这种情况的原因有很多，比如：商品的质量不好、导购员的态度不好、处理投诉的速度很慢等。这些都会导致顾客抱怨。面对这些抱怨，如果导购员处理不好，就会造成很严重的后果。

导购员："先生，您好，有什么可以帮您的吗？"
顾客："你好，我是投诉的。"
导购员："请问您想要投诉什么呢？"
顾客："上周我在你们店铺买了一台热水器，老是出问题，能不能换一台？"
导购员："先生，我们只负责导购，商品质量问题请您跟商品生产厂商在本地的售后服务人员联系。"
顾客："我在你们店买的，你们就得负责。"

很多店铺确实只是一个代理商，对于商品质量的问题并不了解。顾客购买后在使用的过程中，会有很多问题。这些问题是导购员没有办法解决的，对于导购员来说接到这样的投诉后，会说："先生，我们只负责导购，商品质量问题请您跟商品生产厂商在本地的售后服务人员联系。"或者说："先生，我们知道了，我们会联系生产厂家，他们会跟您联系的。"

导购员没有询问清楚顾客具体抱怨的原因，就直接说是质量问题，自己不负责这一方面，这让顾客认为导购员这种做法是在敷衍自己，根本没有重视自己。顾客生气是理所当然的，更重要的是问题并没有得到解决，导购员也没有了解顾客具体抱怨的原因。

如果导购员了解顾客抱怨的具体原因后，合理分析，就能给顾客一个满意的答复。最重要的是，在接下来导购的过程中，也能作为参考。比如顾客抱怨说："热水器的温度显示不是特别准确。"当导购员再次导购时，就可以向顾客说明这一情况，让顾客提前知道，这样就不会产生顾客因为这个问题而投诉。

导购员在接到顾客投诉时，不要急着推卸责任，问清楚顾客到底抱怨的是什么。导购员可以说："先生，您别急慢慢说，您遇到了什么问题，请您说一说。""您能描述一下发生了什么吗？"

▶ **实战锦囊**

对于导购员来说，顾客也分为"好顾客"和"坏顾客"。"好顾客"在遇到商品的问题时，往往会说出抱怨的真正原因，理清责任，是顾客的原因顾客也会主动承担。相反，对于"坏顾客"来说，即使是自己人为的原因导致的商品问题，往往也不会承认，甚至把责任都推到导购员和生产厂家身上。

对于这样的顾客，导购员要有甄别的能力。那么导购员怎样才能搞清楚顾客抱怨的真正原因呢？

（1）提问法

顾客一直在向导购员抱怨商品质量问题时，导购员觉得只要自己不发言，认真地听顾客说话，就能让顾客认为自己是在虚心接受意见，从而留给顾客一个好的印象。其实这样做是不正确的。导购员不说话，

07 如何处理顾客的投诉：用真诚换谅解

会让顾客觉得你对这件事情不重视。不加反驳地接受顾客的意见，会给店铺造成损失。

因此，导购员在听顾客的抱怨时要学会提问，通过不断提问，了解顾客抱怨的真正原因。在不断提问过程中，不但能加深导购员对顾客的了解，还能让顾客感受到对他的意见的重视。

（2）鼓励法

很多顾客由于受到了商品质量的影响，情绪会变得非常激动，导致他们不愿意说出抱怨的原因，只是要求导购员给他们换货。这时的导购员要保持镇静，不要跟顾客发生言语上的冲突。导购员可以鼓励顾客，比如顾客进入店铺，朝导购员走过来说："我不想要这双球鞋了，你们给我退货。"导购员就可以说："先生（女士），我知道您是一个讲道理的人，并且非常愿意说说这是因为什么，给我们一个充足的理由，你不妨说说看。"

总的来说，假如遇到顾客抱怨，导购员不要急于推卸责任，要搞清楚顾客抱怨的原因，这样无论是对于处理问题，还是对于以后的工作都是有好处的。

首先要做到消除顾客的戒心

很多顾客在跟导购员闹矛盾或者对商品的使用体验、质量不满意，再次找到导购员进行辩论或投诉时，无论导购员说什么，顾客都很难听进去，对导购员产生了戒心。要想跟顾客进行正常的交流，并且最终说服顾客，首先导购员要做的就是消除顾客的戒心。

李小姐头发非常油，于是她到了一家洗发露专卖店，导购员给她推荐了一款专门改善油性发质的洗发露。快要使用完了，李小姐就又来到这家店。

导购员："欢迎光临，请问需要什么帮助吗？"

李小姐："一个多月前，我在你们店铺买了一款去油的洗发露，导购员说能够改善油性发质。可是我快要用完了，现在反倒比以前更严重了。"

导购员："请问您上次用的是哪一款？"

李小姐："就是这一款啊。"

导购员："您可以换这款试一试？"

李小姐："我才不信呢？一定也没有效果。"

人与人之间的信任是建立在互相坦诚相待的基础上的，一旦有一方觉得对方说的话是错误的，就会产生戒心。有时候导购员说的话，顾客不一定能够真正明白他要表达的意思。比如，导购员说这一款洗

07 如何处理顾客的投诉：用真诚换谅解

发露可以改善油性发质，并不代表短期就能看到效果，而顾客则认为短期之内就可以见效。顾客理解错误，反倒会觉得是导购员欺骗了他。

当顾客怀着戒心再次找到导购员时，导购员在没有消除顾客戒心的情况下，再次向顾客推荐其他商品，说："您可以试试这款。""每个人的情况都不一样，可能那一款不适合您。"这样的回答是肤浅的，顾客是不会相信的，只能让顾客对导购员的戒心更重。

想要让顾客相信，首先必须让顾客相信导购员说的话以及解释商品不见效的原因，消除顾客的戒心。导购员可以说："是这样的，女士，导致头发发油的原因是不同的，请问您平时常吃辛辣食物吗？""这款商品见效时间有点长，您看我的头发，就是用了很长时间才调整过来的。"

▷ 实战锦囊

（1）态度诚恳

"态度决定一切"，消除顾客的戒心不是一件容易的事情，需要有足够的耐心，并且要有诚恳的态度。只有诚心对待顾客，顾客才能诚心对待导购员。因此，导购员态度要诚恳。

（2）说话时声音低、语气柔和

无论是顾客的错还是导购员的错，当顾客到店里投诉，肯定是哪里出问题了。这时，如果导购员说话还是语气强硬，声音洪亮。在很大程度上会惹怒顾客，让顾客认为店铺处理问题的态度很差，没办法交流。

导购员在跟顾客说话的时候，声音要低、语气要柔和。让顾客感受到导购员是虚心接受顾客提出的意见，让他们内心平静下来，这样他们会对导购员产生好感，放下戒心，和导购员好好的交流，解决问题。

（3）说话时永远对顾客保持微笑

微笑是最好的语言，人们都无法拒绝一个微笑着的人。即使顾客怎么抱怨，对导购员再怎么表现出戒心，只要导购员可以时时刻刻保持着微笑，并且向顾客解释和劝导，一定能让顾客感受到导购员的诚心。

（4）转移话题，拉家常

想要让顾客放下戒心，就要让顾客充分了解导购员是什么样的人，同时导购员也要了解顾客是什么样的人。而能达到这个目的的一个好方法就是借机拉家常，在平常的事情中认识彼此。

总的来说，消除顾客的戒心，才能赢得顾客的信任，让顾客购买自己的商品。

就算顾客故意刁难，也要淡定面对

导购员会遇到这样的顾客，商品没有任何毛病，而顾客非要找出一些毛病来，故意刁难导购员，让导购员下不来台。当然，对于导购员来说，此时受到了委屈，内心是非常愤怒的，有时候恨不得打顾客。但是，导购员切忌冲动，即使遇到故意刁难，也要淡定面对。

王先生在家电市场买了一台55英寸的彩色液晶电视，第二天他又来到了这个市场。

王先生："导购员，昨天在你们这买了一台电视，在你们这看的时候明明非常清晰，你也说这是一台超清电视，为什么我回去看的时候不清晰呢？"

导购员："先生，我们店里面用的是超高清视频资料，在家里面一般都是网络电视，视频源质量达不到那么高，因此才会出现不是很清晰的情况。"

王先生："胡说，分明是你们在误导消费者，我要投诉你们。"

导购员："这根本不算什么问题，您这是不讲道理，故意刁难人。"

很多顾客由于知识不足和观点的不同，往往会感觉只要是导购员说的跟自己理解的不同，就是导购员的错。当导购员给出合理、正确的解释后，他们依旧不认可。相反，他们会更加生气。这时候，导购员要保持淡定，不要冲动。面对这样的顾客，只能软着来不能硬着来。不能说："这根本不算什么问题，您这是不讲道理，故意刁难人。""昨天已经给您演示了，没有问题，为什么您今天还来闹？"或者说："您说的这种情况不属于质量问题，我们不负责。"

导购员应该这样说："真的不好意思，昨天没有跟您解释清楚，虽然这台电视支持超高清，但是需要与之匹配的超高清视频源，这样才能发挥效果。""先生，您先不要着急，我这就给您演示一下，这种情况是怎么回事。您稍微等一下啊。"

▷ 实战锦囊

每个导购员的忍耐都是有一定限度的，超过了一定的限度，自己就没有办法控制了。况且本来就不是导购员的错，而是顾客的故意刁难。这就需要导购员找到方法，让顾客不再故意刁难自己。

（1）认真聆听，不反驳

聆听是对别人最好的尊重，当顾客无理取闹时，往往希望表现自己。这时，导购员认真聆听，表现得非常淡定。顾客发一会脾气后，很快就会收敛起来。平静下来后，顾客把问题解决一下，顾客也就不会投诉了。

（2）中和法

所谓的中和法，就是当顾客提出了不合理的要求时，不要第一时间反驳他，先赞美他。比如首先可以说："你的眼光非常独到，看到了我们都没有看到的问题。"然后再进行转折，说："但是您说的也不一定是对的。"然后解释原因，最后说："这样，把咱们两个的看法中和一下，就这样吧。"

（3）反问法

顾客往往会以提问的方法刁难导购员，只要导购员回答不上来，

07 如何处理顾客的投诉：用真诚换谅解

顾客就会以此为借口，不断地指责导购员。此时，导购员不妨试一试反问法，从问题的根本切入，让顾客回答。然后，用道理和事实说服顾客，顾客自然也就没有再次刁难的理由了。

比如顾客故意刁难说："昨天你说这款手机是防水的，结果我放在水里一晚上，今天不能使用了。"导购员可以说："让您一晚上不睡觉，第二天会不会瞌睡？"顾客："当然会了。"导购员："那就对了，防水时间当然也是有一定限度的，超过了两个小时就不行了。"

通过这样简单的反问法，不仅用生活中的简单案例说出了问题的关键，还让顾客不能继续提问下去，顾客在道理面前，也不可能再有什么话好说了。

总之，作为导购员，要把顾客放在第一位。即使是受到了顾客的故意刁难，也不要跟顾客争执，要淡定面对。

无论责任在谁，先道歉就对了

俗话说：礼多人不怪。当顾客投诉时，导购员不要去追问到底是谁的责任，先道歉。这在很大程度上会让顾客感到心里舒服，即使是到最后证实错误的一方是顾客，先道歉也显得导购员大度，顾客下次会继续来购买商品。

李小姐在一家化妆品店买了一盒防晒霜，用了几天发现皮肤上有红点。于是，她就来到了这家化妆品店。

李小姐："你好，前几天在你们店里买了一盒防晒霜，用了几天，皮肤上出现这么多红点，到底是怎么回事啊？"

导购员："可能是您对这款商品过敏，这个不属于我们的责任，建议您暂时停用。"

李小姐："什么跟你们没关系，我在你们这买的，你说跟你们没关系，太不负责任了吧，你们等着，我立刻去有关部门投诉。"

顾客在使用商品的过程中，难免会遇到问题。人跟人是有不同的，同一个生产厂家生产的同一批商品也是不同的。在遇到问题时，即使是导购员和店铺没有责任，也不要急着推卸责任。想要赢得顾客的信任，让新顾客成为老顾客，就要让顾客认识到导购员是一个负责任的人。这样，顾客在购买商品时才不会有后顾之忧。

07　如何处理顾客的投诉：用真诚换谅解

顾客因为在使用商品的过程中出现问题，找到导购员寻求帮助时，导购员不能不负责任地说："您这是对这款商品过敏，这个不属于我们的责任，建议您暂时停用。"这会让顾客感觉导购员是一个不负责任的人，自己的权益受到了伤害，无论通过什么方法都要讨回公道。

当然也不能说："不是我们的责任，我们是不会道歉的。"这分明是告诉顾客，责任完全在于顾客，你想怎么着就怎么着。丝毫没有退让的余地，作为自认为是受害者的一方，顾客当然也不会示弱。

这时，导购员可以这样说："女士，您看真是对不住您了，让您受这样的委屈。虽然怪我们，但这应该是过敏，您先去医院看看严重不严重，不严重的话，我们给您换别的品牌。严重的话，我们会承担医药费的。"或者说："真诚地跟您说声抱歉，这种情况实在很少遇见，但是既然遇到了，我们一定会承担起责任。您先停用两天，观察下，如果真的是我们商品的问题，立马给您赔偿损失。"

▷ **实战锦囊**

先道歉，让顾客首先感受到导购员的诚意和希望解决问题的态度。这样，顾客激动的心情才会逐渐平静下来。如果顾客的情绪一直非常激动，自然是没有办法有效跟顾客进行沟通的，导购员也不能轻易说服顾客。

在遇到顾客投诉时，导购员不管情况，先道歉。恰当的道歉能获得顾客的认可，否则会让顾客更加恼火，甚至从此不再相信导购员说的话。

（1）心要诚

俗话说：心诚则灵。这句话对于处理争端和矛盾非常适用。对顾客来说，气冲冲地找导购员论理。遇到导购员后，导购员上来就说："您说的都不是事实，如果您只是争一口气的话，我给您道歉，对不起,实在是抱歉。"

这分明是打发顾客做出的违心道歉,顾客当然是不会接受的。相反,顾客会质疑导购员的态度,反问"如果换成是你,你能接受这个道歉吗?"因此,导购员向顾客道歉时,一定要心诚,让顾客感受到导购员是真心诚意道歉的。

(2)赞美顾客,请求谅解

如果只是道歉,顾客内心不一定会真正接受。道歉只是稍微缓解顾客心中的怒火,并不能真正打消顾客的不信任。导购员可以站在顾客的角度,对顾客进行合理的赞美,然后再请求顾客的谅解。在赞美声中,充分感受到导购员的诚心,顾客也就会原谅导购员了。

(3)给予处理方案和适当补偿

顾客投诉是希望导购员能真正解决问题,帮助顾客解除烦恼,也就是顾客想要得到应有的解决方案和适当的补偿,只有满足了这些,顾客才会认可导购员的道歉,否则即使他表面上原谅了导购员,心里还是会不舒服。

因此,导购员在跟顾客道歉的时候,要把解决方案和补偿也说出来。让顾客清楚地知道,导购员不仅想通过说好话说服顾客,并且做出了为顾客着想的实际行动,这样就很少有顾客继续为难导购员了。

总之,当顾客找导购员投诉时。在了解事情的真相之前,无论顾客想说什么,先道歉都是非常有用和明智的。

巧用顾客好面子的心理

有时候，顾客在向导购员投诉时，自己并不占理，却非要跟导购员纠缠。对于这类顾客，导购员是打心里不喜欢，俗话说：秀才遇到兵，有理说不清。再精明的导购员也不能说服一个不讲理的顾客。但导购员不能强烈反驳顾客，要巧用顾客好面子的心理。

宋佳雪在一家日用百货店买了一把拖把，用了一个多月就坏了，于是，她又来到这家百货店。

导购员："女士，您好，需要帮助吗？"

宋佳雪："你好，一个多月前我在你们这买了一把拖把，可现在就坏了，不能用了，怎么质量这么差啊，你得给我一个说法。"

导购员："女士，您买的是哪一款？"

宋佳雪："就是这款。"

导购员："这就对了，您买的拖把是价格最低的，自然质量也是最差的。有钱，您就买这款，质量好，能用很长时间的。"

宋佳雪："不管怎么样，你们得赔偿我一定的损失。"

"人活脸，树活皮"，无论是谁都非常好面子。导购员不给顾客留面子，故意给顾客难堪，会让他们因此恼羞成怒，非但不认同导购员说的话，还会蛮不讲理，非要导购员赔偿自己的损失。闹到最后，双方不欢而散。从此，导购员失去一个顾客。

当导购员遇到不讲理的顾客时，跟顾客讲道理的同时，要尽可能地给顾客保留情面。不能说："这就对了，您买的是价格最低的，自然质量也是最差的。有钱的话，您买这款，质量好，能用很长时间的。"或是说："一分价钱一分货，您不想花钱，还想买好的，哪有这样的好事呢？"这些话，无一例外都损害了顾客的面子。

导购员应该这样说："女士，您先别急啊，给您算一笔账，您买的20元的拖把，使用了差不多两个月，而这一款100元，也只能使用半年左右。因此您这样用，是划算的。"还可以说："您看这一款质量特别好，但价格却很贵。您买的那一款虽然便宜，质量不怎么好。但那么便宜，坏了也没有什么可惜的，扔了再换一个就行了，您说是吗？"

▶ 实战锦囊

只有导购员给顾客面子，顾客才会给导购员面子，问题才更好解决。导购员不必因为面子的问题跟顾客闹得不愉快。因为，这不仅会影响到导购员的销售业绩，还会影响到导购员的心情。巧用顾客爱面子的心理，达到说服顾客目的，对双方都好。

那么导购员应该怎样做，才能让顾客不丢面子呢？

（1）不揭顾客的短

每个人都不是完美的，都有一定的缺点和短处，而这些缺点和短处往往是他们最不愿被别人提及的。当顾客跟导购员说出一些不讲理的话时，导购员不要揭顾客的短，直接说："你就是个小气鬼，买这么便宜的货，还想要很好的质量，怎么可能。"这样揭顾客的短，顾客会非常生气。

（2）给顾客一个台阶下

凡事都有一定的限度，俗话说：高手过招，点到为止。导购员在

07　如何处理顾客的投诉：用真诚换谅解

给顾客留有情面的基础上说服了顾客，顾客已经明确表示同意导购员说的话后，导购员就不要再继续说了。在继续说下去，情况反而会变得尴尬。当导购员和顾客心里都明白对方的意思后，导购员只要给顾客一个台阶下，顾客就会顺着这个台阶下来了，事情也就顺利解决了。

比如顾客说："昨天在你们店买的橘子不甜。"导购员可以说："您好，是这样的，您昨天买的橘子是我们卖剩下的，都是特价出售的、比较小的。再说您吃的只是其中一部分，并不是全部都不甜。"

在遇到顾客不讲理，甚至是故意刁难导购员的时候，导购员要巧妙运用顾客爱面子的心理，不直面揭顾客的短，给顾客台阶下，这样就能比较轻松地说服顾客了。

善于化解顾客的敌意，和顾客做朋友

俗话说：在家靠父母，出门靠朋友。导购员想不断提高自己的销售业绩，最好的办法就是尽可能多地招揽顾客。新顾客并不能一直增长，到一定程度后，客源就趋于稳定了。这时候，就要和顾客建立稳定的关系，防止顾客流失。其中最好的办法就是化解顾客的敌意，和顾客做朋友。

一位顾客买了一顶红色的帽子，回到家后她发现在商场的时候，这顶帽子由于环境颜色比较暗，就显得不是那么红。在家里的光线下，竟然这么红。所以，她回到了这家店，准备调换。

导购员："欢迎光临。女士，这款帽子有什么不合适的吗？"

顾客："你们故意把这里的光线调得这么暗，误导顾客，你看这个帽子阳光下颜色这么鲜艳，让我这个年龄的人怎么戴。"

导购员："昨天您都看好了，怎么今天又说这个，本店商品一经售出概不退货。"

顾客对自己购买的商品不满意或者是对导购员的服务态度有意见等，都会让他们对导购员不信任并且怀有敌意，往往会对导购员进行言语攻击。导购员面对这样的顾客，不能说："昨天您都看好了，今天怎么又说这个，本店商品一经售出概不退货。""这我管不了，您想找

07 如何处理顾客的投诉：用真诚换谅解

谁就找谁去。"或者说："您买的时候怎么不看清楚。"

虽然顾客带有敌意，针对导购员故意说一些难听的话。但导购员就是为顾客服务的，不能连这点忍耐力都没有。

正确的做法应该是善于化解顾客的敌意。导购员可以说："您可真有运气，刚刚到货了一批新款式的帽子，您可以看看，帮您调换一下。""您如果不喜欢，当然是可以换的，您看看这几款有喜欢的吗？"或者说："您能给我说说，您喜欢什么颜色吗？我帮您看看有没有，如果没有的话，可以帮您从别的店铺协调调运。"

▷ 实战锦囊

（1）把顾客的敌意看作朋友间的分歧

一个人遇到同样的事情，面对的人不同，态度也会不同。导购员遇到怀着敌意的顾客，如果导购员把他当作一个找事的人对待的话，就会不耐烦，说几句话就想把顾客赶走。相反，如果导购员把顾客当作是朋友看待的话，态度就会截然不同。

在遇到带有敌意的顾客时，导购员想要和顾客成为朋友，就要拿出对待朋友的态度，把顾客看作是朋友。只有把顾客当作朋友，才能拿出耐心和讨论问题的态度去和顾客交流。这样，才能和顾客成为真正的朋友。

（2）顺着顾客的意思和他谈心

顾客对导购员充满敌意地说一些话，无非是想发泄一下心里的不满。导购员想要成为顾客的朋友，就要先学会倾听和肯定，让顾客把气撒出来。然后，可以跟顾客谈心，顺着顾客的意思，告诉顾客自己是怎样想的，让顾客跟着自己的想法思考。导购员要跟顾客慢慢交流，互相了解，总有一天彼此会成为朋友的。

（3）主动伸出橄榄枝，和顾客交朋友

导购员想要和顾客成为朋友，一定要主动伸出橄榄枝。让充满敌意的顾客主动伸出橄榄枝的可能性是非常低的。主动伸出橄榄枝，向顾客示好，既能得到顾客的原谅，也能给顾客面子。这样，顾客也能很好地与导购员成为朋友了。

总之，导购员面对带有敌意的顾客时，要想办法和顾客成为朋友。只要成为朋友，什么问题也好解决。

顾客付款之后表现出不满情绪

很多顾客在与导购员交流的过程中，认可导购员对商品的介绍和售后服务的保证。于是，才会决定下单购买。但是，当顾客付款后，往往又会对商品的质量和售后保障产生怀疑，在这种情况下，顾客就会表现出强烈的不满情绪。面对顾客的这种情绪，导购员应该怎样合理、有效地处理呢？

杨晓宇喜欢骑行，他以前的自行车用的时间久了，于是准备换一辆新的，他来到一家卖山地自行车的店。

导购员："先生，您好。"

杨晓宇："你好，我是第一次接触山地车，你能不能给我推荐一款性价比高的。"

导购员："您看这一款，先生，这一款是今年刚上市的，款式新颖，价格也比较便宜，外观时尚，非常适合你。"

杨晓宇："嗯，我看这一款不错，如果车子出了问题，怎么办？"

导购员："放心吧，您这款保修半年，如果有问题的话，可以随时来店里面，我们帮您维修。"

杨晓宇："好吧，我这就去结账。"

导购员："先生，您这边请。"

杨晓宇："我刚才骑上感觉了一下，觉得质量不怎么好，怎么才保修半年，不应该是一年吗？"

导购员："不好您可以不要，都付款了，还抱怨这个那个的。"

有很多顾客在购买商品时，都非常谨慎小心。这是因为现在的假货越来越多，而且越来越难以辨别真伪。因此，顾客才会变得格外小心，导购员也应该清楚顾客的这种担心。即使是付款以后，有些顾客往往还是不放心。甚至比付款之前更不放心，当顾客真正接触到商品，就会加深自己不相信商品质量的感受。

导购员不能说："不好你可以不要，都付款了，还抱怨这个那个的。""你要是不相信我们，可以现在就退货。"或者说："既然买了，就别纠结了，卖出去的商品我们是不会退的。"之类的话，这些不负责任的话会让顾客怀疑商品和服务承诺的真假，进而选择退货。

导购员认为，只要将商品销售出去，就和自己没有关系了。顾客在付款以后表现出不满，通常会存在非常大的隐患。顾客有很大的概率会投诉或要求换货，这样一来，不仅给店铺造成损失，还会给自己制造麻烦。所以，导购员要避免说这些不负责任的话。

导购员可以说："放心吧，我们销售的商品是正规品牌，一般都是没有问题的，如果有问题，您直接来找我们就可以了。"也可以说："您拿好发票，有什么问题，直接拿着它来就行。"还可以说："这是我的名片，您拿着，有什么问题打电话就可以了。"

▷ **实战锦囊**

大多数顾客购买后表现出不满，通常是因为受到心理作用的影响。导购员对顾客的承诺都是店铺的规定，对商品的介绍也是实事求是，这些都是没有任何问题的。在顾客购买后，要能让顾客相信导购员和店铺，不再抱怨。

07 如何处理顾客的投诉：用真诚换谅解

（1）给顾客适当的实惠

付款之后顾客表现出不满的情绪，往往是由于价格过高引起的。他们会觉得虽然已经下定决心购买，但忽然觉得买的东西不值。心里总感觉有点不舒服，甚至想要放弃购买，只是碍于面子才没有说出口。

导购员要明白顾客的这层意思，一旦看到顾客脸上表现出不满，就应该及时给顾客优惠。比如说："您别急，您已经付款是有惊喜的，送您一个大礼包。"这样，虽然顾客对价格表现出不满，但是导购员做出让步，送给顾客一个大礼包，顾客内心高兴，也就不会向导购员抱怨价格太贵了。

（2）给顾客吃"定心丸"

顾客付款后表现出不满，是因为顾客依然对商品的质量和服务不认可，此时的导购员就要给顾客吃"定心丸"。所谓的"定心丸"就是下保证，拿出以前的售后服务记录和顾客回访记录，让顾客亲眼看到。看到这些以后，顾客就会放心。对商品和服务放心，顾客也就没有任何顾虑了。

总之，顾客付款后表现出不满情绪的时候，导购员不要着急说一些对顾客不友好的话。而要抓住顾客的心态，及时给予顾客实惠，或者是给顾客吃"定心丸"，让顾客无后顾之忧。这些方法可以让顾客放心购买，然后满意离开店铺。

顾客无理取闹，不解决问题就不离开

在投诉过程中，很多顾客都带着很大的情绪。在跟导购员沟通的过程中，会说很多难听的话。大多数顾客的负面情绪会被导购员耐心、真诚的服务化解，但仍会有一些顾客无理取闹，对导购员威胁说："不解决问题就不离开。"

何强在一家超市买了套刀具，回到家里，拆开使用的过程中发现并不锋利。

于是，他拿着刀具回到超市。

导购员："先生，欢迎光临，有什么可以帮您的吗？"

何强："我是来投诉的，昨天我在你们这买了一套刀具，回家使用，不锋利，你们怎么解释？"

导购员："先生，我们卖的刀具都是不开刀刃的，顾客买回去可以根据自己的实际情况在磨刀石上打磨就可以了。"

何强："你们这是借口，这刀具分明是假的，我要退货。"

导购员："我说的都是事实，您这是无理取闹，拆开包装就退不了了。"

顾客无理取闹的原因有很多，比如：对自己购买的商品不了解；对导购员承诺的售后服务理解错误；顾客反感导购员的服务态度；等等。

07 如何处理顾客的投诉：用真诚换谅解

总之，无理取闹的顾客往往情绪激动，导购员不容易说服他们，甚至根本没有办法和这类顾客交流。

脾气不好的导购员，在受够了顾客的气后，选择适当的释放，有时就会说："我说的都是事实，您这是无理取闹，拆开包装就退不了了。""不用说这么多，我们都是不会接受的。"或者说："您说的这些都是毫无根据的，不是商品的质量问题，我们是不负责的。"

这些话会深深刺激顾客，尽管顾客是无理取闹，说的很多话非常不合理。但是对于顾客来说，面子是非常重要的。即使他们错了，并且也明白自己错了，也会死要面子，不肯承认自己的错误。这时的导购员应该柔和地说服顾客，不能和顾客发生正面冲突。

导购员可以说："您说得很对，是我们考虑不周，麻烦您回家磨下刀，这样就可以了，非常抱歉。""昨天确实没有告诉您这个问题，是我的过失，我诚挚地向您道歉，希望您能原谅我。这一款刀具都是这样的，是厂家这样设计的，我们也没办法改变，给您造成的麻烦，您担待一下。"

▷ **实战锦囊**

导购员面对无理取闹的顾客，不能被他们咄咄逼人的姿态吓倒，也不能因为顾客没有理由而跟他们发生口角，那么，遇到这种情况的导购员应该怎么办呢？

（1）保持镇静微笑，静听顾客发泄

很多顾客在明知道自己不占理的情况下，还无理取闹，主要是为了发泄心中的不满。无论是导购员没有告知顾客商品的信息还是使用过程中人为的损坏，顾客都是非常不满意的，他们只是单纯地觉得此次购物给自己造成了不愉快，心里不舒服。

这种简单的想法，让顾客无理取闹的目的变为发泄心中的不满。

导购员只要面带微笑，静听顾客发泄。等到顾客发泄完，他们的心情也就会好了。这时，只要导购员向顾客解释原因，顾客就会满意离开。

（2）寻找正确的沟通方法

那些无理取闹的顾客不是一点道理都不讲的，他们中的大多数还是愿意听道理的，只是选择听的方法不同。有的顾客想要导购员服软，低声下气地给自己说；有的顾客则非常不讲理，需要使用强硬的手段才听。因此，对于不同的顾客，导购员要使用不同的沟通方法。只要找到与顾客沟通的正确方法，让无理取闹的顾客停止这种无意义的闹剧是非常容易的。

（3）转交给领导

很少一部分无理取闹的顾客，根本不听导购员的耐心解释和道歉，吵着嚷着非要叫领导处理。在这种情况下，如果导购员为了不麻烦领导，仍旧和顾客讲道理的话，并不能解决问题，甚至会把问题变得更糟糕。

导购员可以把领导找来，让领导处理。领导的能力大都比导购员强，对于这种顾客也见得多，能够快速处理。导购员可以快速摆脱这件事，专心接待其他的顾客。

总的来说，在面对无理取闹的顾客时，导购员要利用自己的智慧，用和平的方式解决。实在没有办法自己解决的时候，可以向领导寻求帮助。

顾客投诉导购员的服务态度不好

顾客大部分的投诉是因为导购员的服务态度不好。当然，导致导购员服务态度不好的原因也有很多。导购员应该怎样应对顾客关于自己态度的投诉呢？

顾客："你好，我要投诉。"
导购员："您好，先生，请问您要投诉什么？"
顾客："昨天我在你们店里买东西，你们店的导购员态度非常不好。"
导购员："知道了，我们会核实一下，稍后给您回复。"

很多顾客投诉导购员的服务态度不好，是因为导购员在交流的过程中，对顾客说一些让其反感的话；也有导购员不给顾客优惠，头脑不灵活；还有导购员的交流沟通方式不适合顾客；等等。

面对顾客投诉，导购员要认真对待并且快速处理，让顾客满意。这样，才能打动顾客，让顾客回心转意，重新对店铺产生好感，挽回即将失去的顾客。导购员此时不能说："知道了，我们会核实一下，稍后给您回复。"这样官方的话，顾客对这类话通常非常反感，他们会觉得导购员对顾客怠慢，同时也对顾客不尊重。导购员这样做就是告诉顾客，您的投诉并没用。顾客自然是不会买账的。

导购员也不能说："这是您的责任，是您先对导购员说了难听的话。"这样的话，这些话会让顾客觉得导购员在推卸责任。即使是顾客有错在先，但导购员始终是服务于顾客的，当然也是有错的，并且要严肃处理。

导购员应该说："非常感谢您对我们的工作支持，提出这样的意见。您稍等，我把那个导购员找来，跟您核实一下，然后让他给您道歉。"或者说："非常抱歉，给您造成了麻烦，那位导购员刚来，您原谅他一次。给您换一个导购，保证您满意。"

▷ 实战锦囊

面对顾客的投诉，首先导购员应该表现出虚心接受的态度，让顾客感受到导购员的诚心，这种态度有利于双方解决问题。然后再根据具体的情况找到合适的解决方法来处理。以下几种处理的方法可以作为参考。

（1）让涉事的导购员向顾客真诚道歉

无论谁对谁错，永远顾客最大。况且导购员服务态度不好，本身就是错误的表现。因此，导购员向顾客真诚道歉是必需的，也是应该的。只有这样，才能让顾客出气，使其内心舒适。在一定程度上可以减少因为服务态度不好，给顾客造成的影响。让顾客感到导购员是负责的，知错能改，这在很大程度上能挽回顾客。

（2）给予顾客适当的补偿

顾客受到不公正的对待，理应受到补偿。导购员可以借此机会，促使顾客购买商品。比如导购员可以跟顾客说："给您造成的麻烦，我们愿意承担责任。如果您今天购买这件商品，可以给您打八折，作为补偿。"

当顾客得到道歉后，导购员又拿出实际的行动和具体的补偿措施，几乎没有顾客会拒绝。这样，没有流失顾客的同时还取得了顾客的信任。

07　如何处理顾客的投诉：用真诚换谅解

（3）给顾客换一个服务态度好的导购员

大多数顾客在购买商品的时候，都希望导购员能给予自己帮助，并且能站在自己的角度考虑，说一些自己爱听的话。即使遇到了服务态度不好的导购员，也并不想破坏自己的购物体验。因此，导购员在真诚道歉后及时给顾客换一个服务态度好的导购员，就能继续为顾客服务了，一般的顾客都不会有太大意见的。

总之，导购员要践行"顾客是上帝"这句话，遇到顾客投诉导购员服务态度不好时，应及时道歉帮助顾客换一位导购员，或者给予顾客适当的补偿，以上方法都能解决问题。

顾客说配套服务跟不上怎么办

在购买商品的时候，顾客都会需要商品的配套服务，只有导购员答应这些后，顾客才会放心地购买。很多时候导购员答应顾客这些条件，但是在顾客购买后，后续的配套服务却跟不上。此时，顾客就会投诉，导购员应该怎样应对这种情况呢？

一位顾客在一家空调店买了一台空调，不知怎么回事，坏了。

于是，他来到店铺讨要说法。

顾客："我买的时候，你们答应得好好的，只要商品有什么问题，随时都可以打电话咨询，但是我已经连续打好几个电话了，就是打不通。好不容易打通了，商量好上门维修，结果都好几天了也没见人去。这么热的天不开空调，你们有没有想过是什么感受啊。"

导购员："我这边也不清楚，我会催催他们的。"

顾客："赶快说怎么处理，我没有时间等你协调。"

配套服务是解决顾客后顾之忧的保障，没有这个保障会让顾客购买商品时缺乏安全感，从而造成顾客的流失，导购员会全部答应顾客问到的配套服务。但是，每一个店铺实际情况是不一样的，服务质量也是不一样的，如果导购员为了让商品快速销售出去，没有告诉顾客配套服务的质量，只是说有这一项服务。那么，一旦服务的质量达不

07 如何处理顾客的投诉：用真诚换谅解

到顾客的要求，顾客就会向导购员投诉。

在顾客购买商品之前，导购员没有告知他们配套服务质量的问题导致顾客投诉时，导购员不能敷衍，说一些拖延时间的话，比如可以说："我这边也不清楚，我会催催他们的。"这样的话，顾客是非常讨厌的，不处理只是一味地拖延时间，会加深顾客不满意的情绪。

导购员也不能说："当初是说有这项配套服务，但是这项服务需要等一段时间，您不要着急。"既然顾客都来投诉了，说明他们对配套服务的质量是极其不满意的，导购员还说出令顾客心凉的具体原因，这会让顾客彻底对店铺失望，进而向有关部门投诉，这样对于店铺的影响就变得非常大了。

遇到顾客投诉说配套服务跟不上时，导购员可以这么说："实在不好意思，给您带来了麻烦。这种情况我们暂时还没有遇到过，这边会给您第一时间核查，查到原因也会第一时间给您答复。麻烦您再稍微等一下。"或者说："您说的情况确实存在，我们这边也在积极改善。但这需要一定的时间，请您体谅下我们，我们一定会越做越好的。这次给您造成的麻烦，希望您原谅，我们这边会尽快给您处理。"

▷ **实战锦囊**

（1）跟顾客说出难处，请求顾客体谅

俗话说：家家都有一本难念的经。对于每一个店铺来说也是一样，大一点的店铺，配套服务完善，能够提供高质量的服务。而较小的店铺没有这个实力，只能勉强做到有配套服务，而且服务质量不高。

此时，如果顾客因为服务质量不好而投诉导购员，导购员就要如实说出难处。让顾客在一定程度上感受到店铺的用心。然后，再请求顾客体谅，了解过实情后，顾客也就不再追究店铺的责任了。

（2）给顾客提供合理的解决方案

问题出来了，就要想办法解决。把事情合理地解决了，也就不会再有顾客的投诉了。及时给顾客提供合理的解决方案，能让顾客看到导购员做事的效率和决心。看到方案后，顾客在心理上就会有一定的满足。大多数顾客投诉的目的就是要快速解决问题，既然目的达到了，也就不会再有什么抱怨了。

总的来说，遇到顾客因配套服务问题投诉导购员时，首先要跟顾客讲清楚导致这种情况发生的原因，请求顾客的原谅。然后，给顾客提供合理的解决方案，让顾客看到导购员解决问题的态度和决心。这样顾客就会满意并且相信导购员。

顾客不听导购员的解释，不停吵嚷，怎么办

很多顾客对自己的意见非常执着，而这些意见有的是正确的，但也有很多是不正确的。当顾客向导购员投诉的时候，往往不会听导购员的解释，还坚持自己的意见，不停地跟导购员吵嚷。导购员应该怎样应对这种时不时就会发生的情况呢？

李丽在一家床上用品专卖店买了一条羊绒厚被子，用一段时间后发现被子的透气性很差，盖着非常不舒服。

于是，她来到了这家专卖店讨要说法。

李丽："你好，前一段时间在你们店里买了一条羊绒被子，用了一段时间发现被子透气性很差，盖着非常不舒服。请问这是怎么一回事啊？"

导购员："这是羊毛的特性决定的，羊毛非常保暖，但是有一个最大的缺点就是透气性不好。您买的时候，我有告诉过您，您说没关系的。"

李丽："你们肯定卖给我的是假货，你们必须给我退货。"

导购员："这位女士，真的不是质量问题，只要是羊毛，透气性都很差的。"

李丽："反正你们卖给我的是假货，我要退货。"

导购员："我已经给您解释了，爱听不听。您用了这么长时间了，我们是不会给您退的。"

很多固执的顾客不想听导购员的解释，往往是因为对导购员不信任，认为导购员说的话都是不可靠的，是不能相信的。他们认为导购员不过是强行辩解或者拖延时间，不能真正解决问题。

还有一些明知道是自己错了，却还听不进导购员解释的顾客，就想用不讲理的方式，和导购员进行激烈的争吵，试图让导购员屈服，从而达到自己的目的。

导购员要明白顾客的这种心理，既要找到合适的办法说服顾客，让顾客接受自己的解释，也要避免跟顾客争吵。导购员不能说："我已经给您解释了，爱听不听。您用了这么长时间了，我们是不会给您退的。""您和我争吵没有用，商品已经卖出去了，不会再退了。"或者说："不要再给我在这闹了，我还得接待其他顾客呢。"之类的话。导购员的这些话，不仅不会制止顾客与自己争吵，反而会增加他的嚣张气焰。他们会更激进地说一些不讲理的话，试图威胁导购员，这样处理起来就变得非常困难了。

作为导购员此时应该这样说："您的这种情况以前我们也遇到过，您不要着急，听我给您说具体是什么原因。""我能体会您这样生气的原因，因为您也是对商品不了解，才导致的，我们可以给您换货。"

▷ **实战锦囊**

（1）站在顾客的角度，安抚顾客的情绪

要想解决问题，首先就要拿出解决问题的态度，没有态度根本不能将问题解决掉。顾客一直处于情绪激动中，听不进去导购员的意见还一直跟导购员争吵，很难解决问题。因此，当顾客情绪激动，想要跟导购员争吵时，导购员首先要站在顾客的角度，安抚顾客的情绪。

比如顾客提出自己的意见和导购员争吵，导购员此时就可以站在顾客的角度，对顾客说："您提出的意见确实值得我们思考，这是我们

07 如何处理顾客的投诉：用真诚换谅解

考虑不周。希望您可以理解下我们，我们的看法是……"这样充分给予顾客尊重，并且站在顾客的角度来看问题，能在很大程度抵消顾客的消极情绪，让顾客安静下来，跟导购员进行沟通。这样，双方才比较容易达成共识，最后解决问题。

（2）打消顾客对导购员的不信任

很多顾客不能听进导购员的解释，是因为不相信导购员。因此，让顾客相信导购员，就成了解决问题的关键。怎样才能让顾客信任导购员呢？这就需要导购员拿事实说话，比如：顾客不相信羊绒被子透气不好是因为材料，非要一口咬定是质量问题。导购员就可以拿出纯棉被和羊绒被子，让顾客亲自感受一下，又或者请店里面的顾客帮忙，让顾客来帮助导购员回答这个问题。

只有让顾客相信导购员，导购员说的意见才能被顾客重视。当顾客明白导购员没有骗他，而意识到是自己错了，顾客自然也不会再与导购员争吵了。

总的来说，顾客跟导购员争吵，无非就是不信任导购员。而导购员也没有换位思考，只觉得自己的意见是正确的而不考虑顾客的想法。最终导致双方陷入争吵，把问题复杂化。通常只要做到避免这种情况发生，就可以顺利解决问题了，用真诚换取顾客的理解，在什么情况下都是适合的。

08

售后服务做周全：
多用心不敷衍

完善的服务才是最好的广告

想要吸引新顾客，让新顾客再次购买商品成为老顾客，最好的办法就是让顾客拥有良好的体验，跟导购员成为朋友。这就需要导购员不但要为顾客提供良好的售前指导，还要完善售后服务，这样才能让顾客满意，成为老顾客。

赵菲在一家服装店买了一条裙子，但是穿了几天后，她发现自己的皮肤对这种布料过敏。于是，她拿着裙子来到了店铺。

赵菲："请问我前几天买的这条裙子可以换一条吗？"

导购员："您好，女士，您买的这一条有什么问题吗？"

赵菲："是这样的，穿上几天后发现我对这种布料有点过敏。"

导购员："好的，您先稍等一下啊，我这边有几个顾客需要处理下。"

赵菲："好的。"

赵菲："现在可以给我处理一下了吗？"

导购员："今天处理售后的休息了，您明天再来。"

赵菲："你们什么态度啊，等了这么长时间竟然还不处理，再也不会来你们这买东西了。"

对于顾客来说，导购员的态度越好，顾客的倾心度也就越高。现在的顾客消费能力很高，他们不会过于在乎价格，如果同品牌且价格差别不是很大的时候，顾客往往会选择服务周全的店铺购买。很多顾客都觉得即使多花点钱，只要购物时服务周到，让顾客购物顺心，都是愿意消费的。

一旦因为售后服务不周到，让顾客感到心情不舒畅。顾客就会生气，不但对导购员发泄，也会影响到其他顾客的消费体验，最重要的是失去了一个客源，体验糟糕的任何一项售后服务，都会影响顾客再次购买这个店铺的商品的选择。

导购员在处理售后问题的时候，要给顾客良好的、完善的服务，让顾客感受到来自导购员对自己的重视，而不能说："今天处理售后的休息了，您明天再来。"或者说："我现在很忙，您换一个时间再来吧。"这种销售后就不负责的心理造成很坏的影响，让顾客感到店铺的宗旨就是卖出东西，涉及利益时只会牺牲顾客的利益，是一个奸商店铺。

导购员要重视顾客，给他们提供完善的服务，可以说："您先坐到这里，我去给您倒一杯水，慢慢说。""这样吧，您可以说说您的想法，如果可以的话，就按照您说的做。"或者说："这件小事还麻烦您跑一趟，实在是不好意思，下次您直接打电话我们上门给您服务。"

▷ 实战锦囊

（1）全方位地为顾客服务

所谓完善的服务，不仅仅体现在为顾客解决问题的行动中，往往导购员对顾客的态度和热情更加重要，甚至只要导购员真正做到用心为顾客着想，即使最后问题得不到很好的解决，顾客也会满意。

比如：当顾客来到店铺寻求售后服务时，导购员给顾客安排一个座位、给顾客倒一杯水；当顾客的问题一时半会没法得到解决时，在一定的时间内给顾客打电话，通报事情的进展和询问顾客的想法等。

08 售后服务做周全：多用心不敷衍

这些真正关心顾客的行为，对完善服务是非常重要的。顾客深深体会到店铺的负责和用心，这些新顾客就会渐渐转变为老顾客。

（2）询问顾客的看法

要完善服务，让顾客感受到店铺的诚心和用心，增加顾客的回购率。不仅需要不断地自我完善，还要听取顾客的意见，让顾客也参与进去。询问顾客对服务的看法，了解自身的不足，以便改进和完善。最重要的是还可以让顾客感受到店铺精益求精的服务精神，加深对店铺的信任和认可。

总之，完善的服务是最好的广告，导购员想要充分发挥影响力，就从完善服务这方面开始。

在服务细节上下足功夫

俗话说：以小见大。通过一件小事可以看出很多大事情。比如导购员售后服务，有一些导购员在处理售后服务问题时，只是针对顾客的问题，进行适当地处理，到此为止。而还有一些导购员，无论在处理的过程中还是在处理后，都在服务的细节上下足功夫，往往这样做会有很大的收获。

导购员："欢迎光临，需要什么帮助吗？"

顾客："你好，上次在你们这买了一台吹风机，今天吹出来的是凉风，没有热风了。"

导购员："您这边请，让我们维修人员帮您看下。"

顾客："好的。"

导购员："还有什么需要帮助的吗？"

顾客："没有了。"

导购员："欢迎下次再来。"

顾客再次来到店铺，寻求售后服务，对导购员来说是一个机会。如果导购员能利用这个和顾客再次接触的机会，在细节上下功夫。让顾客通过导购员的行为，感受到整个店铺对顾客的友好，那么将是对店铺很好的宣传，会增加顾客对店铺的好感，增加顾客再一次

08 售后服务做周全：多用心不敷衍

购买的概率。

相反，如果导购员觉得顾客因为需要售后服务而再次来到店铺，是带来麻烦的话。心里只想着把问题处理好，让顾客赶快离开。比如"欢迎下次再来。""没有问题的话，我先去忙了。"这种敷衍的话，导购员表现出对顾客的反感，感觉是顾客耽误了自己的时间。这种态度顾客是能感受到的，那顾客下次肯定不愿意再来。虽然售后服务对于导购员来说，不会产生直接的销售额，但是从长远看，售后服务对导购员来说是非常有用的。

因此，导购员要从细节上入手，可以说："可不可以留您一个电话，方便我们回访。""您觉得我们处理还满意吗？可以说说您的看法。"或者说："给您造成了这个小麻烦，我们送您一个小礼品表示歉意，请您收下。"

▷ **实战锦囊**

（1）记住顾客的姓名

对于新顾客来说，如果购买后商品的质量没问题，还没有选择重新回购商品。那导购员跟顾客就只有一面之缘，也没有必要记住顾客的姓名。但好的导购员能在导购的过程中，看出顾客是否会选择再次购买，成为回头客。这时，细节将会变得非常重要。

如果导购员在细节方面多加注意，顺便询问顾客的姓名，随手记下来。这样顾客因为需要售后服务再次来到店铺时，导购员能在第一时间叫出顾客的名字。顾客首先感受到的是亲切，然后感受到的是导购员的用心。记住顾客的性命，对于完善售后服务，赢得顾客的倾心是很重要的。

（2）用实际行动表示对顾客的关心

导购员想要表达自己的心意及对顾客的关心，可以通过行动，特别是对那些表达能力不是很强的导购员，用实际行动表达是一种很好的办法。虽然大多数顾客对小礼品不感冒，甚至不屑一顾，但是他们的内心却会受到冲击。导购员可以在顾客将要离开的时候，送顾客一些小礼物或者写一张感谢卡等，这些都是表达自己心意的方式。

虽然顾客不一定觉得这些东西有什么价值，但是会被导购员这种表达心意的行动所感动。在这种情况下，顾客爱屋及乌，就会对店铺产生好感。

总而言之，导购员要想服务质量上升一个层次，就需要在服务细节上下功夫。从不起眼的地方做起，让顾客意想不到、心存感激和认可。这样顾客在心里感动后，就会认可服务，从而再次选择这个店铺。

如何让顾客留下联系方式

要想让顾客信任导购员，并且让顾客体会到店铺完善的售后服务，提高顾客对商品和服务的满意度，获得顾客的联系方式就变得非常重要。获得了顾客的联系方式，就可以随时跟顾客交流售后的问题，及时了解顾客的需求，使顾客对店铺渐渐信赖。那么，作为导购员如何让顾客留下联系方式呢？

顾客："导购员，结账。"
导购员："好的女士，一共是 899 元。"
顾客："可以刷卡吗？"
导购员："当然可以。"
顾客："给你。"
导购员："女士，能留一下您的联系方式吗？店铺有什么活动，我们会及时通知您。"
顾客："暂时不需要，谢谢。"

新顾客跟导购员和店铺只是第一次接触，因此心中有很大的疑虑和不信任，他们对导购员想要获取顾客的个人信息非常反感。很多顾客都经历过：向商家泄露了自己的个人信息，然后受到了商家的骚扰。所以顾客对于索要个人信息非常敏感，一般都会直接拒绝导购员这种要求。

因此，导购员在没有取得顾客的信任或者没有让顾客信服的理由时，不能说："女士，能留一下您的联系方式吗？店铺有什么活动，我们会及时通知您。""请您留一下您的联系方式，方便回访您。"或者说："我们没有恶意，也不会骚扰您，只是想留一下您的联系方式，方便联系。"

导购员想要到顾客的联系方式，就需要使用一些技巧，让顾客能接受并且愿意提供。比如导购员可以说："女士，麻烦您几分钟，帮我们写一下购物体验，留一下联系方式。"还可以说："我们店铺这段时间在做活动，您是幸运的一位，留下联系方式，礼品到了以后会通知您过来取。"

> 实战锦囊

使用技巧可以让顾客不知不觉地说出自己的联系方式，让顾客不觉得导购员在刻意索要，这样顾客就不会怀疑导购员别有所图了。

以下几点技巧可供导购员参考。

（1）赠送顾客抵扣券

顾客会被商家的一些小利吸引，导购员可以利用顾客这种心理来实现对等交换。告诉顾客说"最近正在搞活动，限量100位，您是第50位。您可以留下您的联系方式，我们这边给您提供一张50元的抵扣券。您下次来购买任何商品，都是可以抵扣的。"

虽然商家暂时失去了一点利益，但是换来的是顾客的再次光临，这样算下来还是非常值得的。

（2）跟顾客套近乎

在跟顾客聊天的过程中，要利用机会，制造一些巧合。比如导购员可以问顾客"您是哪里人"，等顾客回答后，如果和顾客是一个地方的，

08 售后服务做周全：多用心不敷衍

可以直接说："这么巧啊，在这么远的地方还能见到老乡，留一个联系方式吧，以后好联系。"这样合情合理的理由，顾客一般是不会拒绝的。

当然，顾客可能以前也遇到很多这种攀老乡的套路，顾客不一定会相信。所以导购员可以通过爱好、经历等把自己跟顾客联系起来，这样也可以达到目的。

（3）邀请顾客进行新品体验活动

有一些喜欢追求时尚、追求新颖而去购买新品的顾客。当导购员遇到这类顾客时，就可以运用这种方法获取顾客的联系方式。

（4）死缠烂打法

如果以上的方法都对顾客没有吸引力，导购员千万不要轻易放弃。此时导购员可以运用"死缠烂打法"，跟顾客不断地交流。比如导购员看到顾客购买完商品将要离开时，对顾客说："先生请您留步，我知道您对于我们的商品印象不错，您看您也购买了。能不能给我们留下您的联系方式，我们承诺绝对不会打扰您的。您也算帮我一下，这是上级的要求。"

虽然很多顾客不相信这些话，但是留下自己的联系方式，对自己也没有多大的坏处，加上导购员一直不放弃，自己也不好意思离开。为了让自己快速离开而留下自己的联系方式。

总之，导购员留下顾客的联系方式，就增加了与顾客再次沟通的机会，同时也增加了顾客的回头率，这对商家有着重要的意义。

怎样说服顾客成为VIP会员

商家为了让顾客成为永久性顾客,往往会推出本店VIP会员服务。这种服务无论对老顾客还是新顾客,都有相当大的优惠,对他们的吸引力也很大。但是,对一部分新用户来说,因为对商家的顾虑或者其他种种原因,刚开始他们并不愿意办理。那么,导购员应该怎样说服顾客成为VIP会员呢?

一家电器经销商,为了吸引新顾客,决定推出会员优惠制度,只要购买电器满一定的额度,都可以申请成为本店的VIP。

导购员:"欢迎光临本店。"

顾客:"我买这么多,有什么优惠吗?"

导购员:"您的消费额已经达到办VIP的要求了,请问您想成为本店的VIP吗?"

顾客:"我不常来,暂时不办。"

很多顾客不想成为VIP会员,是因为他们本身对VIP会员不了解,通常只是觉得VIP会员只是价格上有一些优惠,而自己平时又不常来这里购买商品,因此不需要办理。还有一部分顾客是因为害怕麻烦,每次购物的时候还得拿着VIP卡,并且办理的过程又比较麻烦,所以选择不办理。

08 售后服务做周全：多用心不敷衍

这就告诉我们，导购员不能在顾客不了解VIP办理过程和作用时，直接向顾客提出办理VIP的要求。比如导购员直接说："您的消费额已经达到办VIP的要求了，请问您想成为本店的VIP吗？""您填写一下这份表格吧，成为本店的VIP就会有优惠。"这样直接的说法，往往会让顾客对导购员的意图有所怀疑。顾客会想：这是不是一个消费陷阱，办理了VIP会员后是否需要先付钱等问题。一旦顾客有了想法后，顾客就会打消办理的念头。再加上一般顾客对于小店铺的不信任，生怕到时候刚办完卡，店铺就关门了，到时候找谁呢？

所以，导购员只有帮助解决了顾客的这些顾虑后，顾客才有可能选择办理VIP会员。导购员可以这样说："您对我们的服务还满意吗？满意的话，您可以选择成为我们的VIP会员，下次服务会比这次更好。""您可以选择办理我们的VIP会员，我们的会员已经达到5万，并且在任意连锁店都可以使用的。"或者说："VIP会员卡永久有效，您可以放心使用，随时都可以中断使用，里面的积分和钱都会退还的。"这样的话会给顾客一个"定心丸"。

▷ **实战锦囊**

只有让顾客对VIP会员有充分的了解、对商家充分的信任、办理过程简单等，这些条件都达到，顾客才会选择办理。面对这些条件，导购员应该怎样说呢？

（1）简述VIP会员的作用

大部分顾客不肯办理是因为他们对VIP会员不了解，想要让顾客办理VIP会员，首先就要让顾客了解它是什么、有什么作用？所以，导购员应该向顾客简述VIP会员的作用，主要讲本店的特色，因为在顾客的脑海里VIP会员的作用除了价格实惠，没有别的了。

导购员可以根据本店的特色做具体说明，比如：本店的VIP会员，每个月可以免费领取一件小礼品；可以享受专人导购；可以提前预约售后服务等。这样有特色的服务，才能吸引顾客的兴趣，从而让顾客办理VIP会员。

（2）介绍商家的承诺

很多顾客希望成为VIP会员得到实惠，但是心中总有顾虑。万一商家捣鬼，有的店里面商品不能用VIP会员优惠政策或者商家关门了等顾虑，就让顾客考虑过后选择放弃。

导购员要打消顾客这种顾虑，可以说："成为本店VIP会员，本店所有商品都有VIP价，并且本店承诺任何VIP会员都是可以申请退出的。"让顾客没有后顾之忧，顾客也就会选择办理了。

（3）让顾客知道办理的程序简单

没有顾客愿意把一件小事做得非常复杂，方便快捷的购物体验以及周到贴心的服务都对顾客非常有吸引力。导购员想要让顾客办理VIP会员，需要提前告诉顾客办理的程序，只需要简单的几步就能完成。

相信很多顾客对于既简单又实惠的事情是愿意做的。只要顾客办理一张VIP会员卡，就能得到实惠，顾客当然愿意做这件简单的小事。

总的来说，要想让顾客办理VIP会员，就要让顾客了解办理后的好处，打消顾客对商家的不信任，然后通过简单的程序帮助顾客办理成功。

让顾客感受到商家服务的贴心以及购物的实惠，这样才能做到导购员和顾客双赢。

顾客没有任何理由就要退货

导购员会遇到这样的顾客，他们拿着购买的本店商品，走到导购员的面前直接说："我不想要了，你给我退货吧。"导购员完全不清楚情况，询问顾客得到的回答是："没有理由，就是不想要了。"

前几天，王娅佳在一家女鞋店买了一双马靴，她又来到了这家店。

王娅佳："你好，前几天在你家买了一双马靴，现在不想要了，退了吧。"

导购员："这双马靴没有任何质量问题，不能退。"

王娅佳："今天，你们一定要给我退了。"

顾客找到导购员要求退货，但不说出要退货的原因。导购员在不清楚原因的情况下，不能盲目地直接拒绝顾客，这样会让顾客质疑，导购员代表店铺对待顾客的态度。如果顾客确实没有正当理由，导购员这种不友好的态度，正好可以成为顾客退货的一个理由。顾客拿导购员的服务态度不好为由，要求店铺退货，对导购员来说就是"替罪羊"。

当顾客没有任何理由就要退货时，导购员不能说："这双马靴没有任何质量问题，不能退款。""没买的时候，您就特别喜欢，既然买了，何必要退呢？"或者说："你都已经穿过了，不能退了。"

这种毫无商量余地、直接拒绝顾客的说法是不可取的。导购员应该说："女士您先别激动，有什么事情咱们都是可以商量的，至少让我们知道原因，我们好改正。""女士，您可以给我讲讲原因，如果是我们的问题，我们立马给您退，并且赔偿您的损失，您看好不好。"

▷ 实战锦囊

当顾客拿着商品毫无理由地来到店铺要求退货时，说明顾客已经下定了退货的决心。此时，导购员不要反驳，先同意，然后再通过跟顾客的交谈，让顾客说出自己退货的原因，最后解决问题。

（1）微笑积极地应对

导购员消极地应对顾客无理由退货，会让双方都陷入死胡同。顾客想要导购员退货，导购员拒绝顾客的要求。这样一直纠缠下去，对于问题的解决起不到丝毫作用。当导购员遇到这种情况时，不妨微笑面对顾客，让顾客感受到导购员良好的服务态度，有助于顾客放低不讲理的姿态，跟导购员进行有效沟通。

导购员要本着解决问题的态度积极应对，试着以退为进，比如导购员可以说："我们是可以给您退货的，只要您说出合理的理由。"顾客在得到导购员的肯定后，就会选择说出退货的理由。

（2）检查顾客退还的商品

无法从顾客的口中得出是什么原因导致顾客退货时，导购员就要寻求别的突破口。一个好的突破口就是检查退还的商品，导购员需要仔细检查。看其中有无人为破坏；有无商品质量问题。确定好这些问题后，导购员就可以对顾客进行提问了。

如果是商品本身质量有问题，导购员可以先向顾客表示歉意，然后提问说："可不可以进行调换，如果可以，就给您调换一双新的。"如果商品有人为的损坏，导购员可以说："先生（女士），您把我们的商品弄坏了，这是您的责任，我们实在是没办法给您退货的。"

当商品没有质量问题，也没有人为的破坏。导购员就可以说："商品没有问题，我们需要核实下实际情况，麻烦您说一下原因，好吗？"

用商品帮助导购员打开话题，让顾客不得不回答，进而获得原因，可以有效地将问题解决。

（3）转移话题

导购员如果遇到非常执着的顾客，无论导购员怎么提问，顾客都不说退货的原因，只说让导购员给自己退货的时候，导购员可以转移话题，开始聊商品。比如，导购员可以跟顾客说："这双鞋在我们店铺卖得非常火，最近几天都卖出了好几双。您看您买的这双多漂亮，您穿上多好看。"导购员的赞美会刺激顾客，当顾客不满意导购员的赞美时，就会说出商品哪不好。这样导购员就达到目的，让顾客说出了自己退货的原因。

总之，即使顾客提出无理要求，导购员也不要跟顾客发生正面争吵。导购员可以微笑面对顾客，利用技巧，让顾客说出退货的原因，然后根据具体的原因，进行合理有效的解决。

顾客要求在保修期外保修商品

每一件商品都有一定的保修期,超过了保修期就不能再进行保修了,需要自己另外维修。这是常识,但有一部分顾客却不遵守这种规则,非让商家免费维修过了保修期的商品。遇到这种情况,导购员应该怎么做呢?

导购员:"欢迎光临,女士,请问有什么可以帮助您的?"
顾客:"我前段时间在你们店里买了一块手表,现在不走了,你们承诺的保修,现在能帮我修一下吗?"
导购员:"这个是可以的,麻烦您提供下保修证明。"
顾客:"给您,您看一下。"
导购员:"女士,您这块手表已经过保修期了,不能再保修了。"
顾客:"我一次都没有来修过,你就帮我维修一次吧。"
导购员:"这是规定,我也没办法。"

已经过了保修期的商品,顾客依旧要求导购员对购买的商品进行保修,一般有两种原因:一是由于顾客在使用期间,商品没有出现问题,而刚过保修期,商品就出现问题。这样,顾客认为,商家为自己提供一次保修是应该的,商家应该体谅自己这种情况,给自己保修一次。二是商品已经过保修期很长时间了,顾客知道,但仍不依不饶地

08 售后服务做周全：多用心不敷衍

要求保修。

无论是上述哪种情况被导购员遇到，都不能直接说："这是规定，我没有办法。""已经过保修期了，肯定是不保修了，您再说也没有用。"或者说："不要再说了，我们都是按照合同办事的。"

顾客要求过了保修期的商品依旧保修不合理，而这样的要求被导购员拒绝也是正常的。但导购员应该根据具体的情况具体分析，尽量满足顾客的要求，做好售后服务，才有可能让顾客成为回头客，增加店铺的销售量。

此时，导购员可以说："您稍等，我帮您问一下我们领导。""您这个已经过保修期了，实在不是我们不帮忙，是生产厂家说的，这样吧，我们给您尝试联系一下厂家，给您一个满意的答复。"或者说："您的这种情况非常特殊，我们会特殊处理，您给一部分维修费用可以吗？"

▷ 实战锦囊

导购员想要给顾客提供良好的服务，得到顾客的认可，增加销售业绩。最好的办法就是头脑灵活，处理好事情，让顾客满意。所以，遇到顾客拿着已经过了保修期的商品让保修的情况时，导购员可以根据情况，灵活处理，既让顾客满意，又不至于过于损害店铺的利益。

（1）过保修期时间短，保修期没有维修过

如果商品过保修期没多久并且保修期间没有维修过，导购员可以向上级申请，帮顾客保修一次。这样做符合顾客心中所想，也是较为合理的处理办法。

（2）过保修期时间短，保修期间有维修记录

对于过了保修期并且有过维修记录的商品，导购员可以对顾客说："先生确实是过保修期了，您在保修期也维修过了，我们也履行了义

务。要是您再要求我们保修,真的是我们承担不了的,麻烦您体谅下我们。鉴于您保修期刚过,我这边跟您申请下,维修费用减半。"

(3) 过了保修期很长时间

过保修期很长时间的商品,顾客要求保修,导购员要幽默地拒绝这种不合理的要求。导购员可以说:"先生,像您这么风度翩翩的人,怎么会选择吃过期的食物呢?"幽默式地拒绝别人,不会让对方尴尬。

(4) 顾客说保修书丢了

有些顾客因为种种原因或是不愿意承认过了保修期,又或是真的是把保修材料弄丢了,跟导购员说:"保修材料丢了,你们不会不承认吧"。此时,导购员可以先查一下商品的销售记录,核实一下顾客的信息,然后根据实际情况处理。

总之,导购员遇到顾客拿着过了保修期的商品来保修这种事情时,不要着急,先确认信息,然后分情况处理,学会变通,不要什么事情都按照程序来。这样才能把事情处理好,让顾客满意。

超过退货期之外的退货处理

导购员平时遇到顾客换货、退货，这些都是很常见的事情。同样，想要成为一名优秀的导购员，就要处理好顾客的这些问题，增加顾客对导购员的信任，把新顾客变为忠实的老顾客，增加销售业绩。事实证明，处理好顾客的这些问题，有70%~80%的顾客会选择再次购买。

在一家玩具店，王利钦先生给儿子买了一个滑板，可是儿子并不喜欢，玩了不到一星期就不玩了。

于是王利钦拿着滑板来到了玩具店。

导购员："先生您好，您看有您需要的吗？"

王利钦："您好，我是来退货的。"

导购员："先生，麻烦您拿一下发票，我看一下日期。"

王利钦："给你。"

导购员："先生，您购买的商品已经超过退货期了，是不能退货的。"

顾客找到商家要求退货有很多原因。比如：买到的商品不合自己的心意；帮别人买的，买回去不喜欢；商品质量有问题；一时冲动买的……所以说大多数顾客都不是无理取闹的，并且很多顾客也不是真的想要退货，只是由于气愤，想吓唬一下导购员。

遇到这种情况时，导购员不要意气用事，一口咬定已经过了退货期，不给顾客退货。导购员可以说："先生（女士），您购买的商品已经超过退货期了，是不能退货的。""您怎么不早来呢？现在都过了日期了，没办法退了。""您已经用过了，我们怎么卖，更何况已经过了退货期了。"

顾客会认为导购员说这些话是在故意推卸责任，不讲情面。

在直接遭到导购员的拒绝后，很多顾客变得愤怒并开始指责导购员。此时的顾客只是想发泄自己的情绪，说一下对商品或者其他方面的不满。可导购员一直咬定不退货，顾客很可能就不说退货的原因，导致这个问题根本没有办法得到解决。

顾客遇到这样"一根筋"的导购员，会认为导购员的服务态度差。经过这一件事情以后，不再选择再次到这家店铺购买商品，店铺从此失去了一位顾客。导购员不能一味地认死理，要学会变通，导购员可以说："您别急，先说下是什么原因导致您想要退货，我会把原因汇报给领导，然后给您一个满意的答复。""您是我们的老顾客了，我们都互相体谅一下，您看您退让一下，我也跟领导商量下，给您换一下货，好吗？"

▷ 实战锦囊

超过退货的期限并不代表一定退不了货，俗话说：规矩是死的，人是活的。只要双方改变一下看法，或许结果就不一样了。一次买卖固然能给导购员带来销量，但这并不能将利益最大化，能挽留顾客的心，让顾客经常购买，这才是一个好的导购员应该做的事情。

所以，在个人和店铺能够承受的损失范围之内满足顾客的要求，可不可以给顾客退货的问题，需要导购员根据具体的情况，做出恰当的处理。

08 售后服务做周全：多用心不敷衍

（1）过了退货日期但商品可以二次销售

导购员在遇到这种情况时，不要认为反正已经销售出去了，也已经过退货期了，自己是有理由拒绝顾客的。因为商品不影响二次销售，这也是顾客认为商家会退货的理由，导购员不妨给顾客一个人情，把商品退了。

虽然这次导购失败了，但是给顾客留下的却是通情达理的好印象。导购员不妨说："真是给您造成了一定的麻烦，您可以看看店里面其他商品，有喜欢的吗？"如果顾客领了导购员的情，自然也需要报答一下，有很大可能顾客会选择一款商品后，再离开店铺。

（2）影响商品的二次销售

当顾客拿到导购员面前的商品已经影响二次销售时，导购员也不要轻易拒绝顾客退货的请求。此时，导购员可以给顾客一个台阶下，跟顾客委婉地讨价还价。比如导购员可以这样说："您看您已经使用过了，况且已经过了退货期。我们给您退过后就没有办法销售了，这样的话我们是有损失的。您是我们的老顾客了，我们对于老顾客是有照顾的。您再买一款您喜欢的，这一件商品给您算半价，您看怎么样。"

总之，导购员在遇到顾客退货时，要灵活应对，有时可以牺牲暂时的利益，牢牢抓住顾客的心，让顾客倾心服务，从而放心地购买。

如何处理顾客使用不当造成的商品问题

很多顾客在购买商品的时候，往往对自己的知识非常自信，总是迫不及待的付款。然后，着急拿着商品离开，而不听导购员无休无止地讲解商品的使用指南和使用注意事项。这样导致的结果就是：由于顾客不恰当的使用，商品出现了问题，顾客找到导购员让对其处理。

王小刚在一家手机专卖店买了一款手机，由于以前自己一直使用这个品牌，就没有仔细听导购员的使用指南讲解。只听说这款手机防水，出于好奇，他就把手机放在水里一夜，第二天一早，从水里取出时发现不能开机了，他立马来到手机店。

王小刚："导购员，你不是说这款手机防水吗？我刚放水里就不能开机了。"

导购员："先生，我们这款手机是防水手机，但是只能在不超过一米的水位，坚持半个小时，时间长了就不行了。您一定是长时间放入水里才导致开不了机的。"

王小刚："那你们给我维修，我的手机还在保修期内的。"

导购员："买的时候已经跟您说了，不遵守使用指南，人为导致的损坏是不能保修的。"

顾客因为自己使用不当导致商品出现问题，这其中的责任划分非常复杂。可能是导购员没有说清楚或者是导购员压根没有说；在跟顾

08 售后服务做周全：多用心不敷衍

客的交谈过程中没有看使用指南；在导购员跟顾客说的过程中，顾客的理解跟导购员不同，等。所以，其中到底是谁的责任是说不清道不明的。

因此，导购员面对顾客因为自己使用不当造成商品出现问题时，不要按照规矩直接认定是顾客的责任，导购员这样做，很容易让顾客认为导购员是在故意逃避责任。即便是认定完全是顾客的责任，导购员也不要直接拒绝顾客。可以对顾客说："您买的时候已经跟您说了，不遵守使用指南，人为导致的损坏，是不能保修的。""成年人就应该为自己的行为承担责任。"

本来顾客因为自身的错误使用感到自责，这时的导购员只需要安慰顾客，适当地给予一些让步，顾客是会同意导购员的建议的，甚至深表抱歉，主动自己承担责任。比如导购员可以这样说："您这种情况是很多顾客都会犯的错误，我们也非常理解，您看我也没有提前提醒您，我们帮您检测一下好吗？""虽然是您的责任，既然您是在我们这买的，我们也会负责，我们先给您看下有没大问题，小问题我们帮您解决。大问题我们可以商量着解决。"

▷ **实战锦囊**

（1）安慰顾客

无论谁应该承担责任，商品出现问题都是顾客不愿意看到的。顾客气愤是有一定原因的，此时导购员要避免跟顾客对着来，而安慰顾客会让顾客对导购员产生好的印象。

导购员真诚地安慰顾客，比如导购员可以说："虽然当时跟您讲了，但是没有重点跟您强调，实在是抱歉。您先别急，我会负责到底。"

在导购员良好的态度下，顾客的抵触心理也会慢慢消失，接下来导购员就可以跟顾客进行协商，处理问题。

（2）合理划分责任并主动承担其中一部分

想要说服顾客接受现实并且不让店铺的损失过大，最好的方法就是合理地跟顾客划清责任，让顾客信服。这样不仅能合理地解决问题，还能给顾客留下负责任的好印象。其中有些责任很难说清楚是导购员的还是顾客的，对这些责任导购员可以尽量多承担。让顾客觉得导购员对他是非常照顾的，从而使他不再好意思推卸自己的责任。

在友好的交流中将责任划分清楚。然后就是导购员履行自己的义务，让顾客满意的同时赢得顾客的信任。

总之，遇到因为顾客自己使用不当使商品出现问题时，导购员要积极应对，安慰顾客，让顾客不再有敌意。然后再经过合理划分责任，将问题公平处理，得到顾客的信任，从而有效解决问题。

顾客再次购买后额外的关怀

对于再次购买店铺商品的顾客，很多导购员往往没有印象，甚至是毫无记忆。即使是顾客提及，导购员也只是微微一笑或者说一句"欢迎再次购买。"顾客嘴上不说什么，心里就会想：导购员对待老顾客就这种态度，根本不重视，下次不会再来了。所以，导购员在知道顾客是再次购买后，要对他们格外关怀。

苏鑫欢在一家洗护用品店买了一桶洗衣液，用完以后感觉效果非常好，于是她又来到了这家店购买了两桶。

苏鑫欢："导购员，我都第二次来你们店购买了，能不能给点优惠呀。"

导购员："这一款商品暂时还没有推出优惠活动，您来几次都是一样的。"

苏鑫欢："好吧。"

顾客第二次前来购买商品，本身就是对导购员和店铺的信任。这部分顾客是非常有可能发展成为长期顾客的，需要让顾客感受到导购员的热情和关心，顾客选择成为一家店铺的长期顾客，除了相信商品的质量外，导购员服务态度的好坏影响也非常大。长期的顾客需要导购员对他们给予额外的关心，让他们真切感受到关心和尊重，从而

"征服"顾客，让顾客成为店铺的忠实粉丝。

如果导购员只是想干好自己的本职工作，混足时间拿自己的工资，自然就没有必要考虑对待再次购买顾客的态度。对于想把导购工作做好的导购员，他们就需要认真对待再次购买的顾客，不能对顾客说："这一款商品暂时还没有推出优惠活动，您来几次都是一样的。""我以前怎么没有见过您呢？"或者说："我们对待每一位顾客都是一样的。"

这些话让二次购买的顾客心里凉凉的，感受不到一点点的特殊对待和尊重。导购员可以说："您再来是我们的荣幸，我将专门为您服务。""真高兴再次见到您，今天您购买商品给您送一些礼物。"等暖心的话。

▷ 实战锦囊

导购员遇到再次购买的顾客，应该怎样去应对才能让顾客满意，对导购员和店铺留下良好的印象并成为忠实粉丝呢？

（1）热情地跟顾客打招呼

语言是世间最好的表达方式，同时还能把自己的形象展现出来。当导购员再次见到购买的顾客时，用什么样的态度对待，就让什么样的形象留在顾客的心中。如果导购员只是简单地问候一下，甚至只说一句"欢迎光临"，那么导购员在顾客心底没有留下任何印象，不过是见第二面而已。

但如果此时，导购员对顾客热情地打招呼，并且询问下近况或者夸奖下顾客。此时，导购员和店铺在顾客心中留下的，就是热情、细心、尊重和友好的形象。这样的印象，对顾客的购买诱惑力是非常大的。

(2) 为顾客提供一些专门的服务

当顾客再次购买后,导购员为了表示对顾客的感谢,可以给顾客提供一些专门的服务。比如,导购员可以告诉顾客说:"您已经是第二次购买了,非常感谢您对我们商品的支持,为了答谢您,我们给您提供定期的商品保养服务。"

给再次购买的顾客提供专门的服务,可以让顾客认定商家是可靠的、有诚意的,从而增加顾客对于商家的好感和信任,让顾客认定以后购买商品时就选择这家。

(3) 询问顾客的使用体验

既然顾客已经是二次购买了,那他对商品一定是有认可的。但顾客并不一定真正了解商品,只是使用以后效果很好。导购员可以借机询问顾客的使用体验,增加顾客的好感。

当顾客回答完使用体验后,对于商品好的一面,导购员可以进行详细的介绍。比如,导购员可以说:"这么好,是因为生产厂家的品牌好,并且生产工艺先进,和竞争对手相比具有优势。"顾客在了解完这些以后,会对商品更加青睐,并且对于导购员也更加信任,顾客很容易就会变成老顾客。

总之,导购员要额外关怀再次购买的顾客,让顾客感受到重视和良好的服务,最后成为老顾客。